XINSHIDAI XIA
ZHONGGUO LÜYOU JINGQU
FAZHAN YANJIU

U0505613

新时代下
中国旅游景区
发展研究

战冬梅 ◎ 著

中国财经出版传媒集团
经济科学出版社
Economic Science Press

图书在版编目（CIP）数据

新时代下中国旅游景区发展研究/战冬梅著．—北
京：经济科学出版社，2021.7
ISBN 978 – 7 – 5218 – 2745 – 3

Ⅰ．①新⋯　Ⅱ．①战⋯　Ⅲ．①旅游区 – 经济发展 – 研
究 – 中国　Ⅳ．①F592.3

中国版本图书馆 CIP 数据核字（2021）第 150188 号

责任编辑：张　蕾
责任校对：蒋子明
责任印制：王世伟

新时代下中国旅游景区发展研究
战冬梅　著
经济科学出版社出版、发行　新华书店经销
社址：北京市海淀区阜成路甲 28 号　邮编：100142
编辑工作室电话：010 – 88191375　发行部电话：010 – 88191522
网址：www. esp. com. cn
电子邮箱：esp@ esp. com. cn
天猫网店：经济科学出版社旗舰店
网址：http：//jjkxcbs. tmall. com
北京季蜂印刷有限公司印装
710 × 1000　16 开　7.25 印张　150000 字
2021 年 8 月第 1 版　2021 年 8 月第 1 次印刷
ISBN 978 – 7 – 5218 – 2745 – 3　定价：59.00 元
（图书出现印装问题，本社负责调换。电话：010 – 88191510）
（版权所有　侵权必究　打击盗版　举报热线：010 – 88191661
QQ：2242791300　营销中心电话：010 – 88191537
电子邮箱：dbts@ esp. com. cn）

前　言

改革开放以来，随着我国旅游业的高速发展，旅游景区作为旅游活动的核心和空间载体，是旅游业中最重要的组成部分。在相当长的一段时期，对多数国人来说，出门旅游就等于逛景区。从黄山、西湖到周庄、乌镇，再到"798"街区、袁家村；从西游记宫到华侨城，再到长隆、海昌；从自然景区到人文景区，从城市风景到古镇风情，再到众多的新业态聚居地，旅游景区的发展见证着中国人民用双手书写国家和民族发展壮丽史诗的脚步。其发展脉络和变迁，与国民生活的发展一脉相承，从无到有，从有到好，景区一直在服务于满足人民群众对美好生活向往的路上。

在中国特色社会主义新时代，在大众旅游从初级阶段向中高级阶段演化的进程中，景区仍然是游客观光和本地人需求满足的基本载体，随着生活方式、价值取向和消费行为的改变，需求侧的变化明显，游客越来越倾向于对目的地生活方式的整体体验。面对不断涌现的新变化和新情况，如何把握大众旅游的新需求、培育景区发展的新动能，如何在发展中解决问题，如何持续不断满足人民群众对美好生活的向往从而实现高质量发展，成为新时代下旅游景区发展的重要课题。

基于此，本书以党的十八大以来中国旅游景区的发展变化为重点，对景区进行从宏观视野到微观供需上的分析，进而提出景区发展的价值取向与建议。本书共分为 10 章，第 1 章和第 2 章着眼于宏观视野下的中国旅游景区发展分析。第 1 章在判断景区阶段性特征的基础上，总结了景区发展成就与发展经验；第 2 章对党的十八大以来宏观政策影响下的景区发展新气象进行了解读与分析。第 3 章到第 6 章从供需侧角度对中国旅游景区的发展与投资展开研究。第 3 章依托笔者所在中国旅游研究院课题组通过发放"游客行为与满意度调查问卷"，对旅游景区的市场需求状况进行分析；第 4 章依托笔者所在中国旅游研究院课题组编制的景区景气指数统计，从行业角度分析景区经营状况与企业家信心；第 5 章分析中国旅游景区中最有代表性的 5A 级景区增量及发展情况；第 6 章基于景区类上市公司财务数据，对这些公司的经营状况、盈利能力、营运能力、偿债能力和发展能力进行分析。第 7 章到第 10 章对新时代下中国旅游景区未来发展加以展望。第 7 章剖析了中国旅游景区发展的机遇与挑战；第 8 章论述新时代下景区发展的价值取向与发展路径；第 9 章分析总结景区发展过程中存在的问题；第 10 章分析景区发展趋势并提出发展建议。

目 录
Contents

| 第 1 章 |

景区发展成就与经验

中国景区业发展的脉络和变迁，与国民生活的发展一脉相承，从无到有，从有到好，景区一直在满足人民群众对美好生活向往的路上。今天，随着生活方式、价值取向和消费行为的改变，旅游已经成为国民大众的日常生活选项，美丽景区日益成为美好生活的新内容。旅游景区日益成为满足人民对美好旅游生活需要的本底资源和经典空间。

在中国特色社会主义新时代，在进一步深化全域旅游战略，在大众旅游从初级阶段向中高级阶段演化的进程中，景区仍然是游客观光和本地人需求满足的基本载体，但同时需求侧的变化明显，游客越来越倾向于对目的地生活方式的整体体验。在新的历史时期，景区业需要把握大众旅游的新需求，培育景区发展的新动能，继续以人民群众对美好生活的向往作为动力和目标，踏足新征程。

1.1 景区发展的阶段性特征

1.1.1 前景区时期——1949 年之前的观光游览地

人类旅游休闲思想的源头与人类文明史一样久远，景区这一核心要素则贯穿于整个人类旅游的历史，我国也不例外。从《周易》到《庄子》都充溢着人类对美好风景的留恋与赏鉴。旅游家徐霞客甚至放弃了优越的生活和功名利禄，将一生许予山水。文人墨客、官员士子、普通百姓均免不了外出行游，为满足其需求，园林建设等景区实践活动开始萌芽。

我国旅游景区的萌芽始于古典园林的建造，该阶段旅游景区的管理实践还仅仅局限于园林的建造，并且园林艺术较为简陋，直到后期才出现了较为复杂和系统的造园艺术。古代园林发展阶段中园林的类型较为单一，以宫苑为主。虽然中间陆续出现了寺观园林和私家园林等形式，但从本质上来看，这些园林的功能与宫苑相似，均以自然风景观光为主，因此属于同类型的园林。该阶段中真正能享受园林生活的只是社会中的极少数人，如宫苑中的王公贵族、私家园林的主人等。因此，古代园林是一种奢侈品和权利地位的象征。

通常我们把 1840 年以前的园林称为古典园林，我国园林建造和管理由古代到近代的转折则以宫苑的出现为标志。1868 年，上海出现了我国最早的公园——"公花园"（即现在的黄浦公园）。公园的出现使得该阶段旅游景区的类型日渐多元化。这些公园较传统园林在功能上有了较大的拓展，例如，在景观营造之余，公园内开始建有大面积的空地，供人们开展各种球类活动和其他体育运动，此时的公园已经初具现代旅游景区的雏形。但在整个 19 世纪中后期，随着帝国主义列强的入侵和战乱，圆明园、颐和园、清东陵等文物古迹曾一度被焚毁，西方列强在中国的风景名胜区如北戴河海滨、庐山等地，建造房舍为居住区，虽然这些居住区也成了今日景区业的一部分，但旅游景区的建设发展也从那时起进入了相对停滞的阶段。

1.1.2 文物保护时期——1949～1979 年景区建设准备期

1961 年，国务院全体会议第 105 次会议讨论通过了《文物保护管理暂行条例》，列出第一批全国重点文物保护名单，其后颁发了《关于进一步加强文物保护和管理的指示》。1973 年，国务院批准桂林成为对外开放旅游城市。1978 年，中央成立旅游工作领导小组，同年中国旅行游览事业管理局改为直属国务院的管理总局。与这一阶段的旅游功能相呼应的是该阶段景区的发展建设也是以文物保护为主，景区的主体功能是外交，兼具观光游览。在建设准备期内，景区并未向社会公众开放，景区观光仍属于小众行为。

1.1.3 市场化发展初期——1979～1998 年

1979 年 7 月 15 日，邓小平同志在黄山视察期间，集中对旅游发展作了系列重要讲话，指出旅游业是经济产业，是综合性的行业，涵盖了旅游规划、旅游基础设施建设、旅游景区建设的方方面面的内容，对中国旅游业的改革和发展产生了极其重要的影响。1984 年中国首个主题公园建成，即北京大观园。

伴随我国改革开放工作的推进，1979 年之后传统景区逐步进入市场，景区发展渐入市场化的轨道，我国旅游景区的建设与发展翻开了新的篇章。市场经济条件下，旅游景区管理实践的内容不仅包括景区的开发建设，同时还包括经营与管理以及市场的开发与营销，现代化的景区发展建设日益趋于多元化。从 20 世纪 80 年代河北正定西游记宫的建成、野三坡景区的开发，到 90 年代深圳世界之窗等人造主题公园的投入使用，再到 21 世纪初无锡灵山景区的建设，我国旅游景区的类型愈加丰富，可以更好地满足游客多元化的需求。与此同时，市场推动的力量也使得景区行业凭借其独特的魅力吸引来一批又一批的投资者将资本引入景区的经营管理中，传统景区上市均是资本介入景区市场化的事例。景区建设也开始满足市场需求，进入以游客的体验为先的崭新管理阶段，A 级景区的评定更是表明了市场推动下旅游主管部门规范市场的决心。

1.1.4　景区高速发展时期——1999 ~ 2012 年

1999 年出现的黄金周"井喷"现象，扩大了旅游业的影响，使旅游迅速成为消费热点和发展亮点。国务院专门听取汇报，组建假日旅游部际协调会议并设立办公室，系列制度开始形成。外地和本地大批游客的出现，促进了景区的专业化和市场化发展。除了传统的自然、人文景区景观之外，迪斯尼、嘉年华、海洋世界、节庆活动等现代企业经营将旅游业推到经济、社会、文化和技术发展的最前沿。

随着旅游者兴趣的不断拓展，该阶段旅游景区的概念不再局限于古典园林、公园等单一类型，度假型旅游景区、观光型旅游景区等类型的旅游景区不断涌现。在该阶段，随着人们收入水平的不断提高和我国与外界的联系日益密切，景区的客源市场日趋大众化和全球化。

通过 A 级景区的评定等工作，中国景区景点的发展上升到了新的水平。通过这一套机制的推动，乡村旅游、旅游小镇等都获得了新的发展，形成了以黄山、九寨沟、华侨城为代表的自然和人文景观，景区从吸引力到经营管理水平都有极大的提升。截至 2012 年，全国共有 A 级旅游景区 6042 家，比 2011 年增加 469 家，同比增长 8.41%；除 1A 级旅游景区外，2A 至 5A 旅游景区数量相比 2011 年均有不同幅度的增加。全国 A 级旅游景区共接待游客 29.26 亿人次，同比增长 14.57%；全国 A 级旅游景区综合收入达到 2898.93 亿元，同比增长 17.06%；全国 A 级旅游景区总就业人数 144.27 万人（就业人数包括直接就业和间接就业人数），平均每家 A 级旅游景区提供就业岗位 244 个；全国 A 级旅游景区建设投资 1673.69 亿元，平均每家 A 级旅游景区实现投资 0.28 亿元；全国 A 级旅游景区共有专职导游 4.84 万人，平均每家 A 级旅游景区拥有导游人数约 8 人。

1.1.5 党的十八大以来的高质量发展阶段——2013 年至今

党的十八大以来，以习近平同志为核心的党中央领导集体坚持以人为本的发展理念，高度重视生态文明建设，党的十九大报告中提出的"建立健全绿色低碳循环发展的经济体系"为新时代下高质量发展指明了方向，同时也提出了一个极为重要的时代课题。在"绿水青山就是金山银山"的科学论断的指导下，新业态、新市场的持续崛起为景区发展注入新动力，夜间游、避暑游、冰雪游、低空旅游、亲子游等特种旅游市场正引领新的景区建设方向。围绕新市场的崛起，景区衍生业态层出不穷，正成为旅游经济发展的重要支撑，而且有效推动了景区旅游产品的转型升级。产业要素推动景区深度融合，文化和科技为景区发展带来新动能。大众旅游新时期，旅游业的驱动要素已经从单一的资源驱动过渡到创意、技术和资本综合驱动的阶段。创意不但体现在旅游商品和旅游纪念品的设计上，而且体现在已经成为景区开发的主要生产要素，形成了一系列具有风格迥异的景区类型。在强劲的旅游需求驱动下，景区投资规模不断扩大，除传统投资模式外，创新型投资方式不断涌现。政府、国企、民企等多主体合作投资持续增加。景区类投资项目发生的投资并购数量和质量上都有一定程度的提升。4A 级以上景区获得投资增长趋势明显。消费升级时代大背景下，大多数景区也开始了自我提升，尤其是优质的景区资源方开始逐步放开经营思路与合作模式，借助与社会资本的"联姻"，从单一观光旅游转向全域旅游、休闲度假旅游。包括景区的系统性升级改造在内的目的地全域旅游建设吸引了众多的资金，智慧旅游、田园综合体、文旅综合体、现存旅游、景区联动等国家政策的引导下，很多景区凭借独有的资源条件努力实现进一步创新。与国民大众美好生活发展一脉相承的景区业正迎来高质量发展的关键期。

1.2　景区发展成就

1.2.1　景区为入境旅游和大众旅游发展做出了不可替代的阶段性贡献

　　景区，或者风景名胜区，历史上很早就有。在景区前面冠以旅游两个字，则是 1978 年改革开放后，随着旅游业的发展才广为使用的。从我国发展入境旅游市场伊始，长城、兵马俑、大熊猫、桂林山水、黄山、丽江等就是中国旅游的代名词，是当时乃至很长一段时间中国旅游业的核心支撑点。外国人来中国也好，老百姓外出旅游也罢，在相当长时间里就是指向这些景区的，直到现在很多外国人还奔着这些地方来。串联这些旅游景区的"京西沪桂广"仍然是欧美旅游者首选的经典线路。1999 年的国庆"黄金周"标志着国民旅游时代的到来，绝大多数游客也是奔着这些地方去的。每逢假期，我们都会从媒体上看到"某某景区沦陷了"的消息，也会从朋友圈里读到"下次坚决待在家里，再好的景区也不去了"的誓言。可是下个假期，还是会去。景区，似乎成为每个人都在抱怨，到点了又乐此不疲地参与其中的地方。应当说在我国旅游业发展的创汇阶段，景区解决了供给短缺的问题，甚至由于中国自然文化景观和山河的壮美，使大家对接待环境的不匹配都忽视了。景区对于培育旅游意识，满足大众旅游的基本消费功不可没。直到今天景区依然是大众旅游和国民休闲的基本需求，随着居民出游意愿不断增强，2019 年人均年出游近 4.3 次，进入大众旅游的纵深化发展阶段，景区信息和价格信息依然是游客最关心的信息。

1.2.2　景区业规模持续扩大、类型不断丰富、市场支撑力和社会影响力日益扩大

　　从早期河北野三坡、北京十渡等自然风景区的开发，到西游记、大观园、世界之窗等成功或者不成功的人文类景区的开发，再到周庄、乌镇、宏村、

西递等古村古镇的开发，资本对于景区的追逐从来没有停止过，景区景点的丰富完善一直与旅游需求，与人民群众对观看美丽风景、体验美好生活的需求变迁相同步。可以说，不了解旅游景区的变迁历程，就无法理解国家旅游发展的历史脉络和发展现状。就政府的角度而言，从早期的旅游度假区、风景名胜区，森林公园到 A 级标准；从 2009 年《国务院关于加快发展旅游业的意见》到 2013 年颁布实施《旅游法》，再到 2018 年政府工作报告提出"将推进降低重点国有景区门票价格等工作"；从邓小平同志提出"黄山是发展旅游的好地方"到习近平总书记提出"绿水青山就是金山银山"的科学论断，旅游景区一直是政府、旅游主管部门等关注旅游业的重点所在。学术界和教育界也是把旅游景区、旅游饭店和旅行社视为旅游经济三大支柱产业。根据文化和旅游部数据显示，2019 年末全国共有 A 级旅游区 12402 个，全年接待总人数 64.75 亿人次。

随着大众市场的进一步发展和需求多元化，利用当代科技、文化创意、教育和人才支撑的社会资本力量开始介入景区投资、经营和管理，景区日益为跨界投资所青睐，社会资本的力量已经从策略性行为走向战略性行为。景区投资依然维持旅游投资热点地位不变。自然景区、主题公园和特色小镇位列投资总量前三。在主要旅游业态的经济运行指数中，景区景气指数连续几年稳居前列。

1.2.3 景区管理体制、机制持续创新

自"黄山讲话"开始，我国旅游景区步入市场化发展新阶段。各地方、各部门和各领域发展旅游的积极性空前高涨，理顺国家发展改革委、建设部、水利部、林业部、自然资源部、国家文物局、文化和旅游部等部门对旅游景区的管理体制的呼声也随之增大。为满足消费、市场、行政、社区居民等多元主体对景区的现实诉求，国家一直在努力调整和优化景区管理体制。1999年，国家旅游局开始推行旅游区（点）质量等级评定制度，如今已经成为旅游景区资源、管理和服务品质的典范和标杆。当前，以国家公园试点为标志，以引进迪士尼、环球影城等国际知名主题公园为新动能，旅游景区的改革、开放和创新正在迈向新的历史高度。

1.3　景区发展经验

　　回顾新中国成立 70 多年来，特别是党的十八大以来旅游景区的改革创新发展，我们可以从四个方面把握历史经验和思想演化的轨迹。

　　一是始终坚持党对旅游业对旅游景区的领导，必须深入贯彻落实习近平新时代中国特色社会主义思想，特别是习近平总书记关于旅游业的系列重要论述。

　　二是始终围绕国民经济和社会发展战略的现实要求，在创外汇、扩内需、促就业、精准扶贫、供给侧结构性改革等阶段性重点领域，主动担当、积极作为。

　　三是始终坚持市场化导向，深化改革、扩大开放，培育充满生机和活力的景区市场主体，形成大企业主导、中小企业合理分工、小微型企业创意创新的产业格局。

　　四是始终服务人民对美好旅游生活的需求，把人民的美好旅游生活需要作为提供高品质旅游景区的新动力。

第 2 章

宏观政策下的景区新气象*

党的十八大以来，以习近平同志为核心的党中央领导集体高度重视民生，重视以民为本。党的十九大报告更明确指出："中国特色社会主义进入新时代，我国社会主要矛盾已经转化为人民日益增长的美好生活需要和不平衡不充分的发展之间的矛盾。"在国家系列宏观政策的指引下，以景区为核心载体的旅游在满足人民对美好生活的向往中不断发挥着日益重要的作用。

2.1　2013 年相关政策影响下的景区发展

党的十八届三中全会是在我国改革开放新的重要关头召开的一次重要会议，提出了新一届中央领导班子推动我国全面深化改革开放的纲领，是关系党和国家事业发展全局的重大战略部署，在改革理论和政策上做出了一系列重大突破。旅游系统在贯彻落实党的十八届三中全会精神的过程中，要认识和把握当前旅游业发展的形势，明确改革总体思路和目标，围绕"市场主导、政府有为、五位一体、全面协调"的发展主线，加快政府职能转变，加快旅游市场主体培育，全面释放旅游消费需求，提升旅游业发展的科技含量和创新水平，提升旅游业的国际化水平，打造中国旅游升级版，到 2020 年初步建成世界旅游强国。

为实现旅游强国的目标，2013 年，国家各部门相继推出一系列政策、法律文件等。《国民旅游休闲纲要》反映了国家对休闲旅游产业发展的高度重视，也体现了国民休闲旅游的诉求，国民的旅游需求正在由观光向休闲转变，在此基础上旅游市场越来越细分化，市场潜力巨大。

---

*　本章以"文化、旅游景区"为关键词，在中国政府网、文化和旅游部官方网站上，分别对 2013～2020 年公布的通知、公告、意见、公报等进行检索，利用文本分析、知识图谱分析所得结果为本章所有表的数据来源。

据统计分析，2013 年，旅游主管部门、国务院颁布的旅游景区相关政策文件中，出现的高频词汇有"旅游、质量、旅游者、旅行社、安全"等。这些政策法规文件，在一定程度上对景区经营管理产生了重大影响。其中，对景区经营管理影响较大的当属《旅游法》，作为一部综合法律，其内容包括旅游者权利与义务、旅游规划的定位、旅游经营与合同、旅游纠纷处理的原则、旅游监督管理等各个方面，同时既有针对热点问题的具体规定，也有对旅游业未来发展方向的整体指引；从长远来看，旅游价格的透明化，既有利于保护旅游消费者利益，也利于景区、企业回归到正常的市场轨道。2013年，是具有里程碑意义的一年，也是中国旅游法制体系显著完善的一年。2013 年国家出台的景区相关政策高频词汇统计如表 2 - 1 所示。

表 2 - 1　　　　2013 年国家出台的景区相关政策高频词汇统计

单词	词频（次）
旅游	837
质量	209
旅游者	154
旅行社	96
安全	80
企业	69
休闲	62
经营	56
导游	45
经营者	42
信息	36
合同	36
景区	36
文明	32
游客	31
诚信	30
本法	29
服务质量	27
设施	27

2.2 2014 年相关政策影响下的景区发展

2014 年 8 月 18 日，国务院下发了《关于促进旅游业改革发展的若干意见》，这是在不到 5 年的时间内国务院下发的指导旅游业发展的第二个纲领性文件，明确指出旅游业是现代服务业的重要组成部分，并从服务于经济、政治、文化、社会、生态文明五位一体建设的高度，阐述了旅游业改革发展的重要意义，是对 2009 年 12 月《关于加快旅游业发展的意见》的进一步深化。2014 年初政府工作报告提出"重点发展养老、健康、旅游、文化等服务，落实带薪休假制度"，旅游发展成为两会关注焦点。2014 年 9 月，国务院建立旅游工作部际联席会议制度，加强了国家层面的旅游宏观调控机制。2013 年颁布实施的《中华人民共和国旅游法》（以下简称《旅游法》）取得阶段性成效，市场秩序明显好转。围绕《旅游法》《国民旅游休闲纲要》，2014 年，各部门、各地研究出台了一批配套法规、文件，围绕旅游业发展已经形成相对完整的政策法规体系。

2014 年，在国家实施"丝绸之路经济带""21 世纪海上丝绸之路""京津冀一体化""长江经济带"等重大战略发展大背景下，以及国务院出台的关于支持东北振兴若干重大政策举措、加快发展体育产业促进体育消费、创新重点领域投融资机制、鼓励社会投资等文件中，都将旅游业发展作为重要内容。随着我国对于旅游产业在整体国家战略与区域经济发展规划中作用的重视，随着我国旅游法律法规的完善，行业的规范性日趋强化，监管体系日趋完善；各地以此为契机强化了旅游基础设施建设，提升了旅游服务水平；在信息经济与多媒体时代的影响下，景区的信息化水平也在不断提升，信息化手段在景区服务质量提升、流量容量监控方面的作用日益显现；旅游产业与其他产业的融合发展、景区供给主体多元化趋势日益深化。整体上，在新政策与形势的影响，我国景区取得了较大发展，旅游产业发展水平趋于成熟。

据统计分析，2014 年，在旅游主管部门、国务院及其他国家部门颁布的与旅游景区相关的政策文件中，出现的高频词汇有"旅游、服务、邮轮、文化、城市"等（见表 2 - 2），景区信息化管理水平和容量控制、邮轮旅游、国家公园等行业热点成为市场关注热点。2014 年，是旅游业全面改革发展的一年，是旅游业相关政策法律体系从上向下逐渐完善、开启标准化发展的一年，也是旅游景区提升信息化水平、开启资源大整合、创新景区新业态的一年，旅游景区发展趋向专业化、细致化、智慧化。

表 2-2　　　　2014 年国家出台景区相关政策高频词汇统计

单词	出现频次
旅游	232
服务	147
邮轮	132
文化	108
城市	92
规划	83
完善	73
企业	70
创意	67
信息	65
风景名胜区	64
资源	55
创新	54
设施	52
公园	51
智慧	48
产业	46
景区	46
市场	45

2.3　2015 年相关政策影响下的景区发展

2015 年是"十二五"收官之年，我国旅游业逆势上扬，呈现旅游消费和投资两旺的良好态势，旅游投资正式步入万亿元时代。党的十八届五中全会通过的《中共中央关于制定国民经济和社会发展第十三个五年规划的建议》

明确提出"大力发展旅游业"。从国家层面到主管部门，从中央到地方，都寄予旅游业厚望，政策法规日趋完善，宏观环境向好，景区发展政策环境更为有利。

国家和有关部门出台了一系列促进旅游消费和投资的文件和法规，对推动旅游经济持续较快发展，发挥了积极作用。2015 年，国家旅游局对景区整治重拳出击，打破 A 级评定"终身制"的坚冰，"激活"景区动态化管理和 A 级景区退出机制；丰富优质旅游产品供给，推出 17 家国家级旅游度假区，在全国树立了高品质旅游产品建设示范；借助"互联网＋"，推动旅游产业转型升级；建立国家标准化体系，发挥"标准化＋"效应，出台旅游新业态标准研制，提升旅游业服务水平；全面开展旅游市场秩序整治，对旅行社"不合理低价游"、对游客不文明行为等进行严肃处理。据统计分析，2015 年，在旅游主管部门、国务院及其他国家部门颁布的与旅游景区相关的政策文件中，出现的高频词汇有"旅游、发展、服务、标准化、企业"等（见表 2 - 3）。可以看出，提高旅游服务质量、旅游业标准化管理、旅游企业经营水平、促进旅游业持续健康发展等方面受到国家旅游主管部门及其他相关部门特别重视。

表 2 - 3 　　　　　　2015 年国家出台景区相关政策高频词汇统计

单词	出现频次
服务	589
发展	562
旅游	516
标准化	265
企业	259
健康	244
消费	215
管理	213
创新	211
中医药	210
互联网	174
完善	166
信息	158

续表

单词	出现频次
技术	156
产品	141
产业	137
服务业	126
市场	116

2.4　2016 年相关政策影响下的景区发展

2016 年是"十三五"开局之年，由国家旅游局牵头，国家发展改革委、财政部、国土资源部、环境保护部、交通运输部、农业部、林业局和扶贫办等部门共同参与编制、国务院印发的《"十三五"全国旅游业发展规划》，使旅游业发展五年规划历史上第一次成为国家重点专项规划，这在我国旅游业发展历史上尚属首次，充分体现了党中央、国务院对旅游业发展的高度重视，对全国旅游行业是巨大的鼓舞和鞭策。习近平总书记高度重视旅游业，对全域旅游、文明旅游、旅游扶贫、红色旅游等多次作出重要批示指示；李克强总理在 2016 年的《政府工作报告》中提出"迎接正在兴起的大众旅游时代"，强调大力发展全域旅游、大力发展乡村旅游，将旅游定位为"五大幸福产业"之首，国家高层关于旅游发展的指示，为未来五年旅游业发展指明了方向。

据统计分析，2016 年，在旅游主管部门、国务院及其他国家部门颁布的与旅游景区相关的政策文件中，出现的高频词汇有"旅游、生态、文化、农业、产业、健康"等（见表 2-4）。其中，在国务院颁布的一系列旅游景区相关政策文件中，融合第一、二、三产业链的乡村旅游发展模式、以休闲农业和乡村旅游为引领带动的农业现代化模式、以旅游精准扶贫为特色的脱贫模式、以发展休闲旅游为路径的新型城镇化模式以及改革创新旅游市场监管、国家全域旅游示范区创建、"体育＋旅游"融合发展等成为国家关注重点，旅游业作为一项综合产业的联动作用越来越被国家所重视，保持旅游市场的健康稳定持续发展成为国家着力解决的要点。另外，通过研究国家旅游局的一系列政策文件发现，旅游标准化、规范化、科学化管理愈发完善，《国家绿色旅游示范基地》《国家康养旅游示范基地》《国家生态旅游示范区建设与运营规范》《全国旅游标准化发展规划（2016－2020）》等文件的发布，使得旅游业标准化发展进程更上一层楼；首批"国家全域旅游示范区"创建名单的出炉宣告全域旅游发展战略在中国大地开始实践推广；《关于促进自驾车旅居车旅游发展的若干意见》《关于开展国家中医药健康旅游示范区（基地、项目）创建工作的通知》等文件的发布，表明自驾车旅游、中医药健康旅游等旅游新业态得到大力扶持；国家旅游局还大力整治旅游市场，启动景区动态管理机制，彻底打破A级景区终身制，实施《景区最大承载量核定导则》，公布5A级景区最大承载量。2016年，有关旅游有关景区的顶层设计、讲话、文件、政策等高度密集，有肯定、有引导、有鼓励、有警示，对旅游景区意义重大；旅游主管部门等国务院相关部门围绕旅游业健康大发展，纷纷打出政策"组合拳"，共同谋划旅游市场大繁荣。

表 2－4 **2016 年国家出台景区相关政策高频词汇统计**

单词	出现频次
旅游	2063
生态	666
文化	634
农业	532
产业	503
健康	441
农村	418
创新	387
规划	381
企业	368
资源	334
运动	333
体育	326
部门	303
休闲	293
特色	291

单词	出现频次
政策	290
设施	284
生态旅游	282

2.5　2017 年相关政策影响下的景区发展

2017 年，"旅游＋"首次写入中央一号文件，一系列乡村生态类景区获得强力的政策支持和发展基础。习近平总书记指出，"旅游是提高人民生活水平的重要产业""既要鼓励发展乡村农家乐，也要对乡村旅游作分析和预测，提前制定措施，确保乡村旅游可持续发展"，从经济社会发展的高度指明了发展旅游业的根本目的，是习近平新时代中国特色社会主义思想在旅游发展领域的具体体现，也是指导新时代景区创新发展的纲领性指示，旅游日益成为人民对美好生活向往的重要内容。

据统计分析，2017 年，在旅游主管部门等国务院相关部门颁布的与旅游景区相关的政策文件中，出现的高频词汇有"文化、服务、管理、实践、农业"等（见表 2 - 5）。在中央高层高度重视旅游业发展的政治背景下，农村农业部、教育部等部门充分结合自身发展特色，大力谋求与旅游业融合发展；例如，教育部提出要充分为"博物馆、展览馆、科技馆、实践基地等各种社会资源及丰富的自然资源提供政策支持"，强实践基地建设；国土资源部、国家发展改革委联合提出"乡（镇）土地利用总体规划可以预留少量（不超过 5%）规划建设用地指标"，为乡村旅游发展提供了一定的设施用地保障。国家旅游局持续推动旅游标准化建设，推出《温泉旅游企业星级划分与评定》《温泉旅游泉质等级划分》《国家工业旅游示范基地规范与评价》等行业标准，对景区游客高峰时段的基本要求及应对等级、温泉旅游企业的星级划分条件、服务质量和运营规范的要求等方面进行了规范；继续开展旅游厕所、景区游客高峰时段管理规范等工作，保障旅游市场持续繁荣发展。国务院统筹文化、农业农村等多领域发展，促进文旅融合发展，提出"利用'旅游＋''生态＋'等模式，推进农业、林业与旅游、教育、文化、康养等产业深度融合""大力发展文化旅游，推出一批专题研学旅游线路，建设一批国家文化公园"等。

表 2 - 5   2017 年国家出台景区相关政策高频词汇统计

单词	出现频次
文化	411
服务	135
管理	125
实践	112
农业	110
旅游	108
景区	105
国家公园	102
中国	94
农村	92
游客	88
改革	86
创新	83
课程	82
厕所	82
温泉旅游	66
资源	65
教育	64
规范	63

2.6   2018 年相关政策影响下的景区发展

2018 年是文化和旅游融合发展的元年，旅游业发展环境继续优化，按照中央要求和部署，文化和旅游部及各地文化和旅游厅局相继挂牌成立；文化和旅游部按照"宜融则融，能融尽融，以文促旅，以旅彰文"的工作思路，统筹推进文化事业、文化产业和旅游业融合发展，用文化提升旅游项目和旅游产业的品质内涵，用旅游传播文明，用旅游彰显文化自信，努力开创文化和旅游工作新局面。文化和旅游融合发展扬帆起航，旅游经济迈入文旅融合新时代和繁荣发展的新通道，全年国民旅游人数保持两位数增长，假日旅游消费成新民俗，旅游过程中的文化参与性大幅增长，红色旅游实现较快发展。

2018 年，旅游业被寄予了更多的憧憬和责任，国家领导人多次对旅游发展作出指示，多项涉旅政策文件密集出台。从文旅融合、全域旅游到乡村振兴、乡村旅游，近年来，国家在发展旅游产业方面出台许多政策指导，凸显出旅游业作为综合性产业在拉动经济发展过程中发挥的重要作用。同时，旅游兼具物质消费与精神享受的双重属性，是增加就业、提高人民生活水平的重要产业。据统计分析，2018 年，在文化和旅游部等相关部门颁布的与旅游景区相关的政策文件中，出现的高频词汇有"农村、旅游、文化、农业、消费、乡村振兴、脱贫"等（见表 2－6），其中，乡村振兴、旅游脱贫、文旅融合、旅游服务质量提升、全域旅游发展等成为行业热点。

表 2－6　　　　2018 年国家出台景区相关政策高频词汇统计

单词	出现频次
农村	541
旅游	412
服务	365
农业	361
文化	339
乡村	280
保护	258
消费	246
生态	221
脱贫	216
乡村振兴	213
扶贫	201
创新	193
政策	185

单词	出现频次
产业	185
农民	179
企业	154
贫困地区	153
乡村旅游	140

2018 年初政府工作报告把出境旅游增长作为民生改善的巨大成就，释放鼓励消费积极信号，部署推进厕所革命、创建全域旅游示范区、降低国有重点景区门票价格等重点工作，国家、地方文化和旅游部门机构改革顺利推进，多部门联合推动旅游业发展的格局已经形成。从"传承发展中华优秀传统文化"到"乡村文化振兴和乡村旅游"；从"完善文化和旅游公共服务体系"到"促进文化和旅游产业发展"；从"推进降低景区门票价格"到"在旅游领域推广政府和社会资本合作"，都能看到旅游主管部门与其他国家部门的共同努力。如文化和旅游部联合农业农村部等 17 部门印发《关于促进乡村旅游可持续发展的指导意见》，提出"积极推进景区辐射带动周边发展乡村旅游，形成乡村与景区共生共荣、共建共享的'景区带村'模式"，以实现到2022 年基本形成布局合理、类型多样、功能完善、特色突出的乡村旅游发展格局的目标。

2.7 2019 年相关政策影响下的景区发展

2019 年，文旅行业及相关行业政策文本，出现的高频词汇有"文化、旅游、乡村旅游、景区、产品、旅游演艺、消费、融合"等（见表 2 - 7），国家发改委、文化和旅游部等部门积极推进文旅融合大发展，遵循"宜融则融、能融尽融、以文促旅、以旅彰文"的原则，以旅游促进文化传承、用文化促进旅游提质升级，加快了业态"创新"，推动中国迈入优势旅游时代，积极创造新的经济增长点，为国民经济赋能。另外，还要看到，在 5G 智能技术、数字经济、"互联网＋"等经济模式的加持下，文化旅游业也迎来转型升级的加速发展阶段，智慧景区建设成为重中之重。

表 2 - 7　　　　　　2019 年国家出台景区相关政策高频词汇统计

关键词	出现频次	权重
旅游	73	2.9834
文化	48	2.6976
乡村	22	2.1734
景区	20	2.1103
公园	17	2.0035
产品	17	2.0035
乡村旅游	14	1.8771
消费	13	1.8293
保护	13	1.8293
融合	12	1.7779
科技	12	1.7779
标准	12	1.7779
生态	11	1.7224
国家级	11	1.7224
质量	11	1.7224
教育	10	1.6621
资源	10	1.6621
演艺	9	1.596
门票	9	1.596
旅游演艺	9	1.596
重点村	8	1.523
爱国主义	8	1.523
供给	8	1.523
创新	8	1.523
景区门票	7	1.4414
自驾游	7	1.4414
强化	7	1.4414
度假区	7	1.4414
升级	7	1.4414

2.8 2020 年相关政策影响下的景区发展

2020 年从国家到地方、从旅游运营商到旅游目的地产品供给方旅游景区都在想方设法，尽最大努力促进文旅行业纾困，通过为文旅行业疫后发展搭建平台、发放旅游消费券、减免旅游企业税金、开展云上旅游和旅游直播等方式，探索疫情背景下文化产业和旅游产业持续健康发展新路径，共同推进旅游产业振兴发展，助力旅游业复苏，为经济发展赋能。在全国疫情得到有效遏制后，旅游景区在确保疫情防控安全有效的前提下，谨慎复工复产，努力克服疫情带来的不利影响，推动旅游市场全面复苏、振兴。

从国家政策层面来看，以中共中央办公厅、国务院办公厅、国家发展改革委办公厅、文化和旅游部等为主体，在疫情防控期间，积极协同各部门，落实疫情防控要求，出台指导景区应对疫情防控政策措施，为各旅游景区复工复产指明方向；在疫情常态化后期，文化和旅游部积极推进、守正创新，出实招硬招，多措并举帮助旅游景区，如减税降费政策、减轻企业经营成本、中央和地方财政资金支持、地方政府专项债券等政府投资工具、金融帮扶等，为文旅振兴"添柴加火"。与此同时，文化和旅游企业积极借力政府帮扶，抓住时机推出优惠促销、激发消费热情，国内旅游市场迅速强力复苏，消费者的旅游热情升温，文旅产业复苏提速。

1. 政策汇总

对 2020 年公布的通知、公告、意见、公报等公文进行检索，共检索出 134 项以中共中央办公厅、国务院办公厅、国家发展改革委办公厅、文化和旅游部等为主体，发布的文旅、农村、交通、科技等行业相关政策文件，在剔除重复、相关性较弱的文件后，剩余 30 项。具体如表 2 - 8 所示。

表 2 - 8 　　　　　　　　2020 年国家出台文旅相关政策统计

序号	文件名称
1	《文化和旅游部关于确定 22 家旅游景区为国家 5A 级旅游景区的公告》
2	《文化和旅游部办公厅关于推进旅游企业扩大复工复业有关事项的通知》
3	《文化和旅游部 国家卫生健康委关于做好旅游景区疫情防控和安全有序开放工作的通知》

续表

序号	文件名称
4	文化和旅游部资源开发司关于印发《旅游景区恢复开放疫情防控措施指南》的通知
5	文化和旅游部办公厅关于修订印发《国家全域旅游示范区验收、认定和管理实施办法（试行）》和《国家全域旅游示范区验收标准（试行）》的通知
6	《文化和旅游部办公厅关于统筹做好乡村旅游常态化疫情防控和加快市场复苏有关工作的通知》
7	《在线旅游经营服务管理暂行规定》
8	《文化和旅游部关于深化"放管服"改革促进演出市场繁荣发展的通知》
9	《文化和旅游部市场管理司关于印发〈剧院等演出场所恢复开放疫情防控措施指南（第四版）〉等的通知》
10	《文化和旅游部市场管理司关于印发〈旅行社有序恢复经营疫情防控措施指南（第二版）〉的通知》
11	《文化和旅游部公共服务司关于印发〈公共图书馆、文化馆（站）恢复开放疫情防控措施指南（第二版）〉的通知》
12	《文化和旅游部资源开发司关于做好 2020 年国庆节、中秋节假期旅游景区开放管理工作的通知》
13	《文化和旅游部资源开发司关于印发〈旅游景区恢复开放疫情防控措施指南〉的通知》
14	《文化和旅游部办公厅关于暂退部分旅游服务质量保证金支持旅行社应对经营困难的通知》
15	《文化和旅游部办公厅关于全力做好新型冠状病毒感染的肺炎疫情防控工作暂停旅游企业经营活动的紧急通知》
16	《文化和旅游部办公厅 国家文物局办公室关于做好新型冠状病毒感染的肺炎疫情防控工作的通知》
17	《文化和旅游部公共服务司关于开展〈全国旅游厕所建设管理新三年行动计划（2018－2020）〉总结评估工作的通知》
18	《文化和旅游部 国家发展改革委关于公布第二批全国乡村旅游重点村名单的通知》
19	最高人民法院 司法部 文化和旅游部《关于依法妥善处理涉疫情旅游合同纠纷有关问题的通知》
20	文化和旅游部办公厅《关于用好地方政府专项债券的通知》
21	文化和旅游部办公厅《关于开展国家级旅游度假区申报工作的通知》
22	文化和旅游部《关于发布 2020 年第一批文化和旅游行业标准的公告》

续表

序号	文件名称
23	文化和旅游部《关于印发〈游戏游艺设备管理办法〉的通知》
24	交通运输部《关于加强游轮疫情防控和运营安全工作的通知》
25	《关于支持新业态新模式健康发展激活消费市场带动扩大就业的意见》
26	交通运输部《关于稳妥有序恢复省际旅游客运切实做好旅游客运常态化疫情防控有关工作的通知》
27	农业农村部《关于印发〈全国乡村产业发展规划（2020–2025年）〉的通知》
28	国家文物局《关于加强文物安全有序推动文博单位开放复工的通知》
29	农业农村部办公厅《关于印发社会资本投资农业农村指引的通知》
30	《关于发挥国家农村产业融合发展示范园带动作用进一步做好促生产稳就业工作的通知》

2. 词频分析

政策公文类型。截止到2020年10月1日，国家层面有关文旅行业及其相关的政策公文类型以通知、公告、意见、规定为主，2020年国家出台的文旅相关政策公文类型统计如表2–9所示。公文类型的多样化反映了文化和旅游业政策向精细化管理的转变。

表2–9　　　　　2020年国家出台文旅相关政策公文类型统计分析

公文类型	出现频次
通知	26
公告	2
意见	1
规定	1

政策制定部门。从政策制定的主体看，国家层面有关文旅行业及其相关的政策公文制定，以文化和旅游部为主。据统计分析，参与文旅行业政策制定的部门有14个，主要有农业农村部、交通运输部、国家卫生健康委、国家发展改革委、国家文物局等，司法部、网信办、市场监管总局等多为配合，体现了多部门认真履行各自职责、密切配合、通力协作、步调一致、内外联动的工作机制，保障了政策的实施。2020年国家出台文旅相关政策制定部门统计分析如表2–10所示。

表 2 - 10　　　　　2020 年国家出台文旅相关政策制定部门统计分析

联合发文部门	出现频次
文化和旅游部	25
国家文物局	2
国家发展改革委	3
国家卫生健康委	2
农业农村部	4
交通运输部	3
商务部	2
工业和信息化部	2
最高人民法院	1
司法部	1
网信办	1
教育部	1
人力资源社会保障部	1
市场监管总局	1
医保局	1

　　政策词频分析（见表 2 - 11）。根据对文旅行业相关政策文本进行的统计分析可知，受疫情影响，自 2020 年以来，国家深切关注文旅行业的长远发展以及景区的安全防控，相继出台的系列政策主要侧重于指导旅游行业在疫情期间的工作方向，尤其是为以旅游景区为代表的旅游目的地复工复产、复苏振兴、创新管理、业态丰富、机制规范等提供了强有力的政策保障，缓解文旅行业的运营压力。

表 2 - 11　　　　　　2020 年国家出台文旅相关政策词频统计分析

关键词	出现频次	权重
乡村	243	3.8103
疫情防控	186	3.6259
农业	181	3.6071
安全	157	3.5091
景区	121	3.3126
经营	104	3.2259

关键词	出现频次	权重
创新	101	3.2058
农产品	93	3.1492
开放	92	3.1418
健康	90	3.1267
游戏游艺设备	77	3.0198
创业	71	2.9644
演出	62	2.8718
技术	55	2.7902
融合	50	2.7253
业态	50	2.7253
旅游景区	49	2.7116
卫生	46	2.6687
组织	45	2.6538
公共	44	2.6386
就业	43	2.623
环境	43	2.623
常态化	42	2.6071
交通	40	2.5741
乡村旅游	39	2.5569
共享	37	2.5214
监管	36	2.5029
开发	36	2.5029
振兴	35	2.4839

相关文件中，"景区"共计出现121次，围绕景区出现的词汇主要涉及"恢复开放、流量控制、门票预约、错峰安排、安全有序、管理机制、公共卫生、大数据和智慧手段、旅游演艺、数字化产品、乡村休闲"等。表明"预约旅游""智慧景区"将是未来景区发展的趋势。

| 第 3 章 |
景区消费需求变化与服务质量评价

党的十九大以来，中国特色社会主义进入了新时代，我国社会主要矛盾已经转化为人民日益增长的美好生活需要和不平衡不充分的发展之间的矛盾，2019 年适逢新中国成立 70 周年，高质量已然成为景区业发展的主旋律，大众旅游诉求正从"美丽风景"转向"美丽生活"。种种迹象表明，旅游景区依然是旅游业的晴雨表，是旅游经济发展的定海神针。而让更多的游客满意是景区业发展的方向，也是景区高质量发展的应有之义。

2019 年笔者所在课题组通过现场问卷发放、网络评论和投诉等三个渠道收集了 3 万余例调查样本数据，对目前我国景区消费主体的市场需求、消费偏好以及服务质量评价进行调查分析。调查以游客为出发点，在传统的主流游客满意度理论基础之上，借鉴管理学科较前沿的以案例研究法为基础的扎根理论，同时考虑投诉与质监机制对中国旅游服务质量的重要性，将游客被动表达、主动表达和不得已表达等一系列主观评价转化为可量化的综合性客观指标。构建包括现场问卷调查、网络评论调查旅游投诉与质监调查三方面内容的景区游客满意度测评体系。满意度等级划分标准为：9.0 分以上为"非常满意"，8.5~9.0 分为"比较满意"，8.0~8.5 分为"满意"，7.5~8.0 分为"基本满意"，7.0~7.5 分为"一般满意"，6.5~7.0 分为"及格"，6.5 分以下为不满意。调查逐月按季度开展，调研范围涵盖了各旅游热点时间以及全国 60 个重点城市的主要景区，以下主要围绕景区消费需求和游客对景区服务质量评价进行详细论述。本章所有图表资料来源均为课题组调查数据计算整理所得。

3.1 景区游客特征和消费偏好

3.1.1 游客特征

根据中国旅游研究院调查数据，2019 年出游距离为 151~300 千米的游客占总游客数的比重最高达 27.53%，300 千米以内占比达到 52.25%，出游距离超过 300 千米以上的，出游人数逐渐递减。如图 3－1 所示。

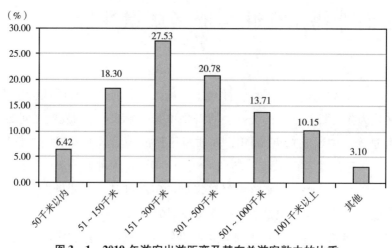

图 3－1　2019 年游客出游距离及其在总游客数中的比重

在游客群体特征上，国内游客主要选择和家人一起出游（占游客总数的 47.61%）或和好友结伴出游（占游客总数的 25.11%）。值得注意的是，公司、班级、社团等集体出游比例有较大幅度的上升，占游客总数的比重达 15.02%。如图 3－2 所示。一方面，说明景区游客在关注亲情、友情的同时，

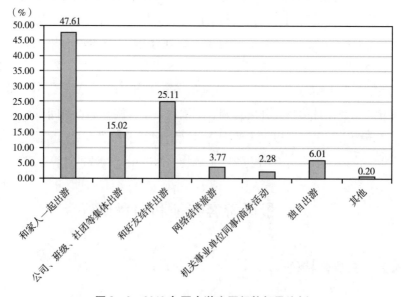

图 3－2　2019 年国内游客同行偏好及比例

也日益注重集体感情的培养；另一方面，也说明集体日益把共同出游作为集体生活的一部分。

在游客群体特征上，入境游客主要选择与好友结伴出游或者和家人一起出游，与好友结伴出游占游客总数的比重为31.2%，与家人一起出游占游客总数的比重为20.84%，这说明现在的游客出游时，更加注重的是亲朋好友的情感交流、共度欢乐时光。另外，独自出游的比例为12.33%，其他类型出游的比例相对较低。如图3-3所示。

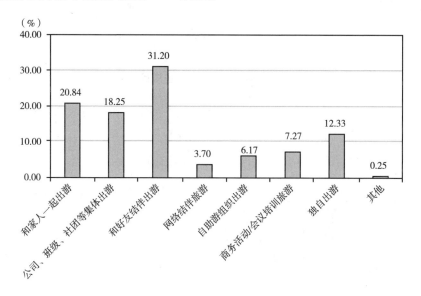

图3-3 2019年入境游客同行偏好及比例

3.1.2 消费偏好

国内游客出游主要目的：就国内游客而言，选择休闲度假作为主要旅游目的的游客数量占总游客数量的48.04%，游览/观光为主的游客占比为35.42%，这说明国内游客的出游需求已经实现了从观光旅游向休闲度假旅游的转型升级。探亲访友类游客占比为6.84%。商务会议、文体/教育/科技交流、宗教朝拜、健康医疗等游客的比例较少，但潜力巨大。如图3-4所示。

入境游客观光的景区类型：45.16%的入境游客观赏了山水风光，有44.95%的入境游客观赏了文物古迹，40.14%的入境游客体验了中国的文化艺术，34.31%的入境游客享受了中国的美食烹调，15.84%的入境游客进行

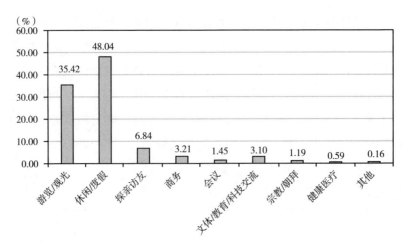

图 3 - 4 2019 年国内游客出游主要目的及占比

了购物消费，有 5.44% 的游客参加了节庆会展，有 2.16% 的入境游客体验了中国的乡村度假。如图 3 - 5 所示。这些统计数据表明中国独有的文化魅力和秀美的自然风光是吸引境外游客来华旅游的主要资源。

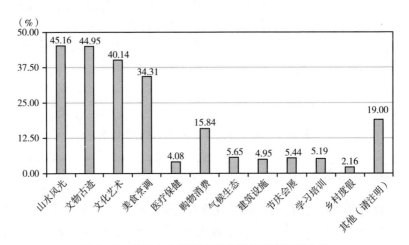

图 3 - 5 2019 年入境游客观光的景区类型及占比

入境游客以休闲度假游客为主要旅游群体，会展旅游也居于重要地位，但是从目前的统计数据上来看，境外游客对中国的旅游需求集中在观光型旅游资源上，对休闲度假、会展旅游需求仍有较大提升空间，表明相对于国际成熟旅游市场，中国的旅游产品层次有待提高，休闲度假市场对境外游客的吸引力有待提升，休闲度假旅游产品也亟待丰富和升级。

游客出游前关注的目的地信息：国内游客出游前查找的主要信息有景区、旅游价格、交通、住宿、旅游地风俗民情、特色购物街区、娱乐等方面的信息。景区信息和交通信息是游览观光游客最关心的信息，其中 54.62% 的国内游客出游前主要查找了景区方面的信息，47.75% 的游客关注旅游价格信息，44.86% 的游客关注目的地交通信息，国内游客对目的地的娱乐信息关注度较低。如图 3 - 6 所示。

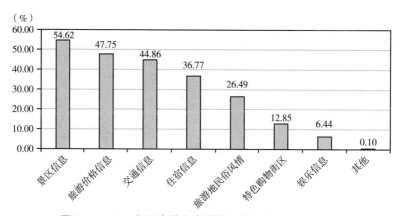

图 3 - 6　2019 年国内游客出游前查找的主要信息及占比

旅游交通/天气等生活信息是入境景区游客最关心的信息，其中 46.21% 入境游客在出游前查找了当地旅游交通/天气等生活信息，36.62% 的景区游客对旅游产品和服务较为关注，34.47% 的入境景区游客较为关注当地政策法规，入境景区游客对旅游价格信息关注度较低。如图 3 - 7 所示。

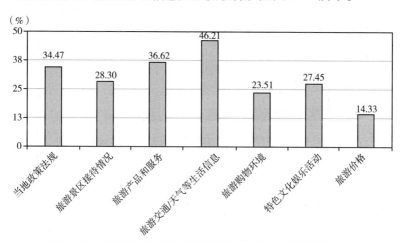

图 3 - 7　2019 年入境游客出游前关注的信息内容及所占比例

游客的人均花费：国内观光游览游客人均花费集中在3000元以下，这一层次花费的国内游客占比为73.59%。其中花费在1001～2000元的游客占比最多，为28.50%；其次为旅游消费水平在2001～3000元的游客，占比为25.35%；花费在501～1000元的游客占比为16.49%。如图3-8所示。国内游客的消费水平相较于入境游客来说相对较低。

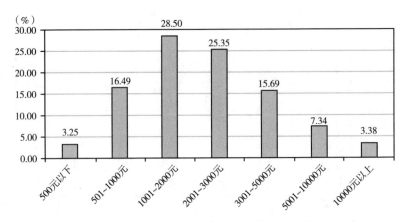

图3-8 2019年国内游客人均花费及所占比重

入境景区游客人均花费集中在1001～3000美元的游客占比为59.1%。其中，花费在2001～3000美元的游客最多，占比为29.62%；花费在1001～2000美元的游客占比29.48%；花费在3001～5000美元的游客占比为13.86%；花费在10000美元以上的游客占比为0.72%。如图3-9所示。

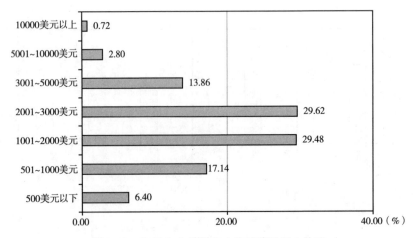

图3-9 2019年入境游客人均花费及所占比重

游客消费结构：国内景区游客的花费项目主要集中在购物、餐饮、景区门票，文化娱乐占比较低。国内游客在餐饮上的消费占比最高，为24.55%；其次是购物和景区门票占比分别为20.20%、19.79%。国内景区游客的花费结构中，除餐饮消费外，景区门票仍然占据较大比例。另外，景区文化娱乐的比重较低，需进一步加大娱乐业态的比重，提升消费体验。如图 3 – 10 所示。

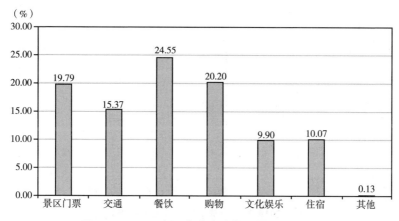

图 3 – 10　2019 年国内游客消费结构及所占比重

入境游客交通消费占比最高，达34.32%；其次是购物、餐饮、住宿、文化娱乐、景区门票，其花费占比分别为：20.17%、15.95%、12.19%、8.76%、8.14%。如图 3 – 11 所示。

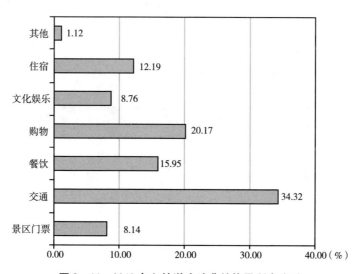

图 3 – 11　2019 年入境游客消费结构及所占比重

景区游客的旅游时间：国内景区游客旅游花费时间主要在 1 周以内，这一时段内的游客占比为 82%。其中，时间花费为 2～3 天的游客占比为 35.46%；时间花费为 4 天至 1 周的游客占比为 42.79%；当天往返的游客为 3.72%。如图 3-12 所示。

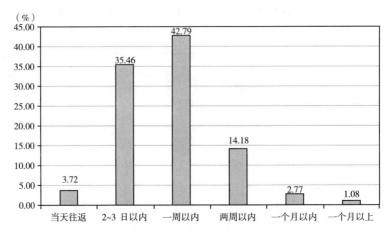

图 3-12　2019 年国内游客旅游花费时间及所占比重

入境游客旅游花费时间主要在 1 周以内，这一时段内的入境游客群体占游客总数的比重为 69.23%；其中时间花费为 2～3 天的游客占比为 23.44%；时间花费为 4 天至 1 周的游客占比为 45.79%；一个月以内游客占比为 5.44%；一个月以上的游客占比 3.74%。如图 3-13 所示。

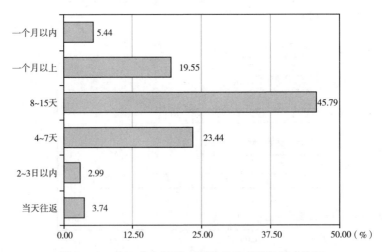

图 3-13　2019 年入境游客旅游花费时间及所占比重

景区游客交通工具的选择：国内游客最主要的交通工具为火车、飞机、汽车等适宜长途远行的交通工具，使用火车出游的游客占比为 28.94%，超过了飞机、汽车。随着国民收入的不断提高和近年来航空公司对价格的不断调整，乘坐飞机出游的国内游客占比达 27.81%；同时，散客群体更多选择自驾游的形式出游，占比为 11.53%，游船、自行车/步行等占比较低。如图 3 - 14 所示。

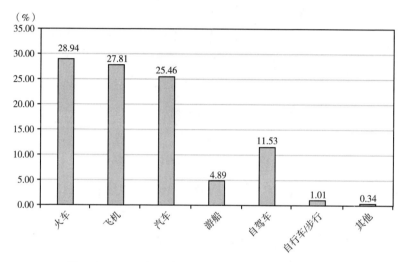

图 3 - 14　2019 年国内游客交通工具的选择及所占比重

游客游览的景区数量：国内游览观光游客参观的景区个数集中在 1 ~ 5 个，其中参观 3 ~ 5 个景区的游客最多，占比为 57.15%；其次为参观 1 ~ 2 个景区的游客，占比为 22.30%；参观 10 个及以上景区的游客最少，占比仅为 4.18%。如图 3 - 15 所示。

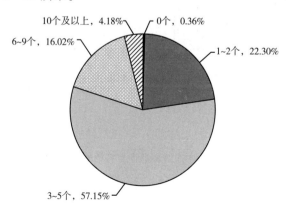

图 3 - 15　2019 年国内游客参观景区数及所占比重

入境游客参观的景区个数集中在 5 个以内，其中参观 3 ~ 5 个景区的游客最多，占比为 35.84%；参观 6 ~ 9 个景区的游客占比为 32.94%；参观 10 个以上景区的游客占比为 13.05%，如图 3 - 16 所示。

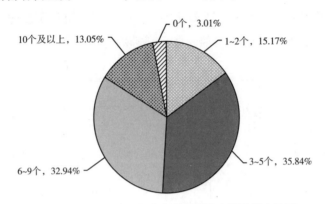

图 3 - 16　2019 年国内游客参观景区个数及所占比重

游客选择目的地的影响因素：国内游客在决策出游目的地的时候较为关注旅游目的地的吸引力，其占比为 35.35%；其次是关注旅游费用，占比为 20.02%；16.83% 的国内游客关注旅游地交通情况，次之是关注住宿条件、特色饮食；仅有 3.33% 的国内游客关注旅游目的地的休闲环境。如图 3 - 17 所示。

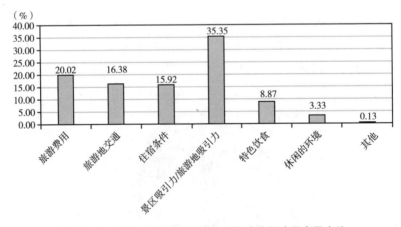

图 3 - 17　2019 年国内游客选择目的地的影响因素及占比

与国内游客一致，入境游客在选择目的地的时候比较关注旅游目的地吸引力，占比为 33.21%；26.89% 的入境游客比较关注旅游费用；20.43% 的游客关注目的地的旅游地交通；其次是关注住宿条件、旅游安全、特色饮食、沟通交流、休闲环境、信息获取、距离、城市形象，关注游客占比分别为：20.4%、19.88%、19.72%、16.24%、14.98%、14.72%、14.62%、12.58%；仅3.11%的入境游客关注旅游地的居民友善情况。如图3-18所示。

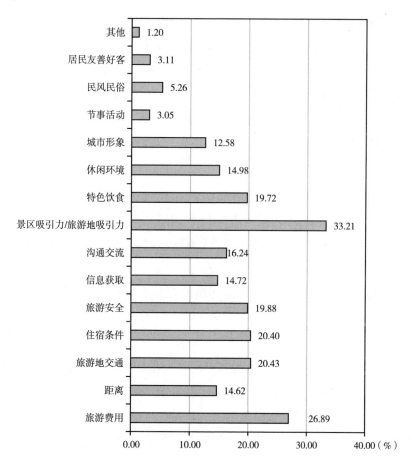

图3-18　2019年入境游客选择目的地的影响因素及所占比重

3.2　游客景区服务质量评价

2019年，国内游客与入境游客对景区景点的满意度指数分别为8.37和8.60，处于"基本满意"水平。

不同性别游客的评价：就国内游客而言，女性游客对景点的满意度为8.47，而男性游客对景点的满意度为8.36，女性游客满意度略高于男性游客满意度。入境方面，女性游客对景点的满意度为8.48，而男性游客对景点的满意度为8.77，女性游客满意度略低于男性游客满意度。

不同教育程度游客的评价：国内游客中，大学本科及硕士以上受教育程度的游客满意度最高，小学以下受教育程度的游客满意度最低。小学及以下、初中、高中/中专/技校、大学专科、大学本科、硕士及以上受教育程度的游客的满意度指数分别为8.01、8.24、8.35、8.34、8.49、8.49。

入境游客中，小学及以上、初中、高中/中专/技校、大学专科、大学本科、硕士及以上受教育程度的游客的满意度指数分别为7.6、8.31、8.67、9.02、8.57、8.43，初中及硕士及以上受教育程度的游客满意度较高，大学专科的游客满意度最低。

不同年龄段游客的评价：国内游客中，33~44岁的游客满意度最高，其次是23~34岁的游客，15岁以下的游客满意度最低。15岁以下、13~24岁、23~34岁、33~44岁、43~59岁、60岁及以上的游客的满意度分别为8.15、8.36、8.42、8.47、8.29、8.13。

入境游客中，60岁及以上的游客满意度最低。15岁以下、13~24岁、23~34岁、33~44岁、43~59岁、60岁及以上的游客的满意度分别为9.4、8.7、8.81、8.57、8.25、8.13。

不同收入的游客评价：国内游客中，收入在10001~20000元的游客满意度最高，月收入1000元以下及无收入的游客满意度最低。入境游客中，收入在1001~3000美元的游客满意度最高，收入在20000美元以上的游客满意度最低，说明目前景区服务质量还不能满足入境高端游客的需求。如表3-1所示。

表3-1　　　　　　不同收入水平的国内游客和入境游客满意度

国内游客		入境游客	
无收入	8.31	无收入	8.74
1000 元以下	8.31	1000 美元以下	8.67
1001~3000 元	8.34	1001~3000 美元	8.75

续表

国内游客		入境游客	
3001～5000 元	8.38	3001～5000 美元	8.64
5001～8000 元	8.42	5001～8000 美元	8.50
8001～10000 元	8.46	8001～10000 美元	8.68
10001～20000 元	8.55	10001～20000 美元	8.26
20000 元以上	8.46	20000 美元以上	7.11

| 第 4 章 |
景区景气指数研究

在当前旅游消费升级、供给侧改革加速的大背景下，旅游景区的发展已经从规模时代进入产品时代。无论是资本市场，还是国家监管部门，都对景区的运营和发展提出了更高的要求。在量质并存的时代，景区管理提升迫在眉睫。体制、投资、规划、建设、运营等方面的改革破局、专业化运营已成大势。以中青旅、华侨城、中景信、港中旅等为代表的以重资产投资起家的企业已经在拓展管理输出的业务，以规划设计起家的景域文化、巅峰智业、绿维创景、大地风景，以及以景区标准化咨询和景区管理起家的蜗牛景区管理等多家企业也开始进行多元化的景区业务探索，每家企业都在根据自己的基因和经验沉淀在景区领域寻找机会。

2011～2018 年，笔者所在课题组持续调查并编制景气指数对景区绩效进行系统评价。本章所有图表资料来源均为课题组调查数据计算整理所得。总的来说，整体景气状况变动平稳，在一段时间内呈现小幅波动，全行业一直平稳向前推进。

4.1　行业绩效评价

总体来看，各年对行业全年发展预期的信心通常在第三季度达到最高水平，此种趋势性变化与景区发展的外部环境和季节有很大关系，每年三季度为旅游旺季，受其利好影响，景区企业对行业发展也充满信心。2011～2018年景区企业对行业发展的预期如表 4-1 所示。

表 4-1　　　　　2011～2018 年景区企业对行业发展的预期

时段	对所在行业发展的预期		
	本季度	下季度	今年总体
2011Q1	126.00	134.14	135.43
2011Q2	132.14	139.76	135.95

续表

时段	对所在行业发展的预期		
	本季度	下季度	今年总体
2011Q3	126.21	107.15	130.02
2011Q4	111.39	135.95	132.14
2012Q1	112.66	133.41	143.15
2012Q2	136.38	138.92	119.86
2012Q3	127.29	106.31	124.09
2012Q4	104.61	130.02	130.45
2013Q1	119.07	129.06	127.16
2013Q2	131.19	130.20	127.84
2013Q3	137.77	106.73	97.41
2013Q4	104.51	135.86	135.86
2014Q1	132.86	161.88	142.59
2014Q2	144.00	143.06	140.24
2014Q3	153.88	118.12	105.88
2014Q4	119.53	144.94	150.59
2015Q1	142.59	152.00	153.41
2015Q2	143.06	154.35	153.88
2015Q3	150.12	135.53	147.29
2015Q4	148.71	114.82	143.53
2016Q1	104.00	122.35	135.53
2016Q2	145.88	145.88	139.76
2016Q3	132.24	124.71	133.18
2016Q4	113.88	125.18	142.12
2017Q1	147.29	122.82	113.88
2017Q2	129.88	135.06	128.00
2017Q3	159.53	118.59	118.12
2017Q4	129.41	130.35	113.88
2018Q1	141.89	142.32	133.05
2018Q2	120.95	120.00	122.38
2018Q3	150.12	126.12	143.00
2018Q4	119.05	119.05	120.48

各年第三季度景区经营者对当季景区行业的发展预期多数都达到全年最高水平,第四季度达到最低水平。不难看出,此种趋势性变化与景区发展的外部环境和季节有很大关系。景区企业对下季度行业发展及对全年行业发展的预期与本季度景区行业发展预期趋势一致。第一季度企业对下季度的发展预期较高,第一季度景区企业考虑到天气回暖以及清明、"五一"小长假的到来,纷纷调高对第二季度行业发展的预期。

景区企业对于全年行业发展的预期变动平稳,第四季度达到了全年最低值。从全年来看,第二季度企业对景区行业全年的发展仍充满信心,在第三季度达到全年最高值,面对大众旅游需求的持续增长和不断变化,相应地对行业发展的信心也出现更加准确的判断。

4.2　企业绩效评价

基于四个季度景区景气调查数据,通过经营者对行业本季度、下季度和全年的总体发展与经营状况进行从非常不乐观到非常乐观、从较大下降到较大上升的维度值估计,以每个指标的数值变化分析景区经营者对行业总体发展和经营状况预期的信心波动,具体如表4-2所示。

表4-2　　　　　　2011~2018 年景区企业对行业发展的预期

时段	对所在行业发展的预期		
	本季度与上季度比较	下季度与本季度比较	全年与去年总体比较
2011Q1	126.00	134.14	135.43
2011Q2	132.14	139.76	135.95
2011Q3	126.21	107.15	130.02
2011Q4	111.39	135.95	132.14
2012Q1	112.66	133.41	143.15
2012Q2	136.38	138.92	119.86
2012Q3	127.29	106.31	124.09
2012Q4	104.61	130.02	130.45
2013Q1	119.07	129.06	127.16
2013Q2	131.19	130.20	127.84

时段	对所在行业发展的预期		
	本季度与上季度比较	下季度与本季度比较	全年与去年总体比较
2013Q3	137.77	106.73	97.41
2013Q4	104.51	135.86	135.86
2014Q1	132.86	161.88	142.59
2014Q2	144.00	143.06	140.24
2014Q3	153.88	118.12	105.88
2014Q4	119.53	144.94	150.59
2015Q1	142.59	152.00	153.41
2015Q2	143.06	154.35	153.88
2015Q3	150.12	135.53	147.29
2015Q4	148.71	114.82	143.53
2016Q1	104.00	122.35	135.53
2016Q2	145.88	145.88	139.76
2016Q3	132.24	124.71	133.18
2016Q4	113.88	125.18	142.12
2017Q1	147.29	122.82	113.88
2017Q2	129.88	135.06	128.00
2017Q3	159.53	118.59	118.12
2017Q4	129.41	130.35	113.88
2018Q1	142.32	130.00	128.00
2018Q2	117.62	131.62	118.57
2018Q3	150.12	135.53	147.29
2018Q4	112.38	120.48	113.81

各季度景区企业对自身经营状况的当季预期随景区淡旺季的变化而变化，多数情况下，第二、第三季度企业的信心指数相对较为乐观，其中第三季度景区企业的信心指数最高，充分说明企业对第二、第三季度经营状况整体看好。第一季度和第四季度分别进入全年的两个低谷，受旅游淡旺季的影响，企业对自身经营状况的信心也有所下降。与本季度和下季度企业经营状况的预期

指数相比，景区企业对全年经营状况的预期指数波动幅度较小。

4.3　企业经营指标评价

基于全年四个季度期间景区景气调查数据，通过景区经营者对行业具体经营景气指标（预订人数、接待人数、固定资产投资、门票价格、营业收入、营业成本、利润水平、季末从业人员、季末员工工资）从较大下降到较大上升的维度值估计，以每个指标的数值变化分析景区经营者对经营状况的信心波动，具体如下：

规模指标的时序性变化：总体来说，景区的接待人数指标与预订人数指标整体变化趋势一致，景区的接待人数指标逐年上涨与旅游淡旺季有很大的关系，此外，蓬勃发展的经济形势是促使居民消费及出游意愿增加的重要因素。而固定资产投资在 2011～2013 年变动趋势与预订人数和接待人数的变动趋势相一致，但在 2014 年固定资产投资信心下降，但变化相对平缓。如图 4-1 所示。

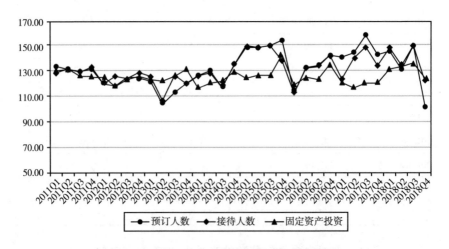

图 4-1　2011～2018 年规模指标的时序性变化

绩效指标的时序性变化：总体来看，2011～2018 年，四大指标在不同季节有相对小幅波动，其中利润水平指标在 2014 年指标变动较大，与当时经济新常态下企业利润下降有关。如图 4-2 所示。

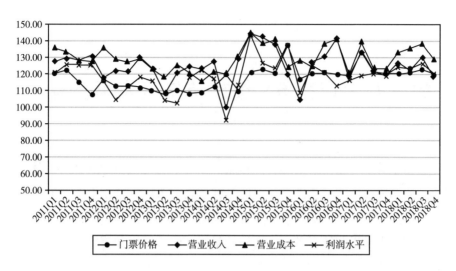

图 4 - 2　2011 ~ 2018 年绩效指标的时序性变化

就业指标的时序性变化：景区企业的从业人员规模变化幅度较大，随着景区各项建设趋于成熟，从业人员的人数以及具体的职位分布也逐渐明朗，一般不会出现明显变动，但员工工资的绩效指标波动较大，在第二、第三季度达到了高值，第四季度回归到全年最低水平。如图 4 - 3 所示。

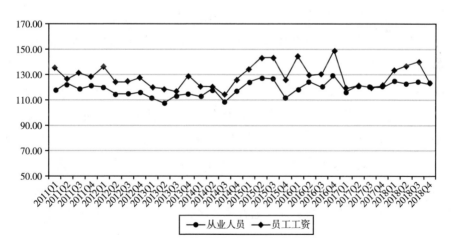

图 4 - 3　2011 ~ 2018 年就业指标的时序性变化

| 第 5 章 |

党的十八大以来 5A 级旅游景区发展变化

　　包括旅游景区在内的旅游资源是旅游业发展的先决条件和核心载体，也是最主要和最根本的旅游供给。我国是旅游资源大国，旅游资源具有重要的国际旅游竞争优势，旅游景区也一直是政府、旅游主管部门等关注旅游业的重点所在。学术界和教育界也是把旅游景区、旅游饭店和旅行社视为旅游经济三大支柱产业。

　　1999 年国家颁布《旅游区（点）质量等级的划分与评定》，开启了国家 5A 级旅游景区评选准备工作。此后，国家 5A 级旅游景区评选先后经历了《旅游区（点）质量等级的划分与评定》的修订、修改、批准与公布，到 2005 年 1 月《旅游景区质量等级的划分与评定》全面实施。随着旅游景区评定、管理越来越规范化、标准化、系统化。2006 年国家旅游局在全国开展 5A 级旅游景区的评选工作，2007 年包括北京故宫博物院、北京天坛公园、北京颐和园、北京八达岭长城等在内的首批 66 家 5A 级景区通过验收。从此，作为旅游金字招牌的国家 5A 级旅游景区开始进入常态化发展阶段。至此，5A 景区的数量保持逐年稳定增长、类型不断丰富、市场支撑力和社会影响力日益扩大。

　　2007 ~ 2021 年 5 月底，文化和旅游主管部门先后组织 38 批次 5A 级景区评定，截至 2021 年 5 月底，全国共有 306 家国家 5A 级景区。自党的十八大以来，景区发展进入新的时代，以 5A 为代表的高 A 级景区成为旅游景区发展的风向标和晴雨表。本章对 2013 ~ 2020 年国家 5A 级景区整体发展进行分析研究，所有图表数据均来源于笔者对文化和旅游部公开资料的整理。

5.1　5A 级景区整体发展概况

　　从 5A 级旅游景区数量变化情况来看，2013 ~ 2020 年 5A 级景区总量显著增多，8 年间 5A 级旅游景区数量总共增加了 131 家。整体来看，31 个省

（区、市）的 5A 级景区数量平稳增长，但增速放缓，增速呈下降趋势。如表 5 - 1、图 5 - 1、图 5 - 2 所示。

表 5 - 1　　　　　　　　　2013～2020 年国家 5A 级景区数量变化一览

年份	总数（家）	比上一年增长率（%）
2013	171	17.93
2014	183	7.02
2015	212	15.85
2016	227	7.08
2017	249	9.69
2018	258	3.61
2019	280	8.53
2020	302	7.86

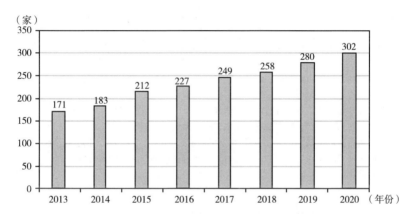

图 5 - 1　2013～2020 年国家 5A 级景区数量变化分析

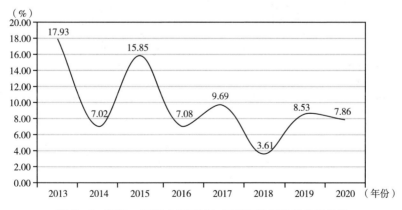

图 5 - 2　2013～2020 年国家 5A 级景区数量增长趋势分析

5.2 5A 级景区数量增长年度变化分析

2013~2020 年，国家 5A 级景区数量增加最多的年份出现在 2015 年，有
29 家景区成功创建国家 5A 级旅游景区；2013 年有 26 家景区成功创建国家
5A 级旅游景区；2017 年、2019 年、2020 年分别各有 22 家景区成功创建国家
5A 级旅游景区；2014 年有 12 家景区成功创建国家 5A 级旅游景区；2016 年
有 15 家景区成功创建国家 5A 级旅游景区；2018 年增量最少，只有 9 家景区
成功创建国家 5A 级旅游景区。具体如表 5 - 2 所示。

表 5 - 2　　　　　　2013~2020 年各省（区、市）新增 5A 级景区名单

年份	新增 5A 景区名单	增量（家）
2013	山西晋中市介休绵山景区、黑龙江伊春市汤旺河林海奇石景区、江苏常州市天目湖景区、江苏苏州市吴中太湖旅游区、江苏苏州市沙家浜·虞山尚湖旅游区、浙江衢州市开化根宫佛国文化旅游景区、安徽阜阳市颍上八里河景区、福建宁德市福鼎太姥山旅游区、江西上饶市婺源江湾景区、江西景德镇古窑民俗博览区、山东枣庄市台儿庄古城景区、山东济南市天下第一泉景区、河南洛阳市龙潭大峡谷景区、湖北宜昌市长阳清江画廊景区、湖北武汉市东湖景区、广东佛山市西樵山景区、海南分界洲岛旅游区、重庆市南川金佛山、四川南充市阆中古城旅游区、四川广安市邓小平故里旅游区、四川绵阳市北川羌城旅游区、四川阿坝州汶川特别旅游区、贵州毕节市百里杜鹃景区、西藏拉萨市大昭寺、西藏拉萨布达拉宫景区、新疆喀什地区泽普金湖杨景区	26
2014	江苏镇江市句容茅山景区、安徽黄山市古徽州文化旅游区、山东省沂蒙山旅游区、河南南阳市西峡伏牛山老界岭·恐龙遗址园旅游区、湖北武汉市黄陂木兰文化生态旅游区、湖南长沙市花明楼景区、广东佛山市长鹿旅游休博园、广东惠州市罗浮山景区、广西南宁市青秀山旅游区、陕西宝鸡市法门寺佛文化景区、新疆乌鲁木齐天山大峡谷景区、新疆巴音郭楞蒙古自治州博斯腾湖景区	12
2015	河北唐山市清东陵景区、河北邯郸市娲皇宫景区、山西晋中市平遥古城景区、辽宁本溪市本溪水洞景区、吉林敦化市六鼎山文化旅游区、吉林长春市长影世纪城旅游区、黑龙江漠河北极村旅游区、江苏周恩来故里旅游景区、江苏大丰中华麋鹿园景区、浙江台州市天台山景区、浙江台州市神仙居景区、浙江湖州市南浔古镇景区、安徽合肥市三河古镇景区、福建福州市三坊七巷景区、福建龙岩市古田旅游区、江西宜春市明月山旅游区、江西瑞金市共和国摇篮旅游区、河南驻马店市嵖岈山旅游景区、湖北恩施州恩施大峡谷景区、湖南郴州市东江湖旅游景区、广东阳江市海陵岛大角湾海上丝路旅游区、海南槟榔谷黎苗文化旅游区、重庆江津四面山景区、四川广元市剑门蜀道剑门关旅游区、贵州黔南州荔波樟江景区、陕西商洛市金丝峡景区、甘肃敦煌鸣沙山月牙泉景区、宁夏银川市灵武水洞沟旅游区、新疆喀什地区喀什噶尔老城景区	29

续表

年份	新增 5A 景区名单	增量（家）
2016	内蒙古自治区满洲里市中俄边境旅游区、江苏省徐州市云龙湖景区、江苏省连云港花果山景区、安徽省六安市万佛湖景区、安徽省芜湖市方特旅游区、河南省红旗渠·太行大峡谷、湖南省邵阳市崀山景区、广东省中山市孙中山故里旅游区、海南省三亚市蜈支洲岛旅游区、四川省南充市仪陇朱德故里景区、云南省保山市腾冲火山热海旅游区、云南省昆明市昆明世博园景区、陕西省宝鸡市太白山旅游景区、新疆维吾尔自治区伊犁州喀拉峻景区、新疆维吾尔自治区巴音州和静巴音布鲁克景区	15
2017	河北省保定市白石山景区、河北省邯郸市广府古城景区、山西省忻州市雁门关景区、内蒙古自治区阿尔山·柴河旅游景区、辽宁省鞍山市千山景区、吉林省长春市世界雕塑公园旅游景区、江苏省常州市中国春秋淹城旅游景区、浙江省嘉兴市西塘古镇旅游景区、浙江省衢州市江郎山·廿八都景区、江西省上饶市龟峰景区、江西省抚州市大觉山景区、山东省威海市华夏城旅游景区、山东省潍坊市青州古城旅游区、河南省永城市芒砀山旅游景区、广西壮族自治区桂林市两江四湖·象山景区、重庆市云阳龙缸景区、四川省甘孜州海螺沟景区、贵州省贵阳市花溪青岩古镇景区、西藏日喀则扎什伦布寺景区、西藏林芝巴松措景区、青海省海东市互助土族故土园景区、新疆生产建设兵团第十师白沙湖景区	22
2018	山西省临汾市洪洞大槐树寻根祭祖园景区、内蒙古自治区赤峰市阿斯哈图石阵旅游区、浙江省宁波市天一阁·月湖景区、江西省南昌市滕王阁旅游景区、湖北省咸宁市三国赤壁古战场景区、广东省惠州市惠州西湖旅游景区、广西壮族自治区崇左市德天跨国瀑布景区、贵州省铜仁市梵净山旅游景区、陕西省西安市城墙·碑林历史文化景区	9
2019	北京市海淀区圆明园景区、河北省保定市清西陵景区、山西省长治市壶关太行山大峡谷八泉峡景区、内蒙古自治区阿拉善盟胡杨林旅游景区、辽宁省盘锦市红海滩风景廊道景区、吉林省通化市高句丽文物古迹旅游景区、黑龙江省虎林市虎头旅游景区、江苏省无锡市惠山古镇景区、浙江省丽水市缙云仙都景区、江西省萍乡市武功山景区、山东省东营市黄河口生态旅游景区、河南省新乡市八里沟景区、湖北省襄阳市古隆中景区、湖南省株洲市炎帝陵景区、广东省肇庆市星湖旅游景区、广西壮族自治区百色市百色起义纪念园景区、重庆市彭水县阿依河景区、四川省雅安市碧峰峡旅游景区、贵州省黔东南州镇远古城旅游景区、陕西省延安市延安革命纪念地景区、甘肃省张掖市七彩丹霞景区、新疆维吾尔自治区喀什地区帕米尔旅游区	22

年份	新增 5A 景区名单	增量（家）
2020	河北省承德市金山岭长城景区、山西省临汾市云丘山景区、江苏省宿迁市洪泽湖湿地景区、浙江省温州市刘伯温故里景区、安徽省马鞍山市长江采石矶文化生态旅游区、福建省莆田市湄洲岛妈祖文化旅游区、江西省九江市庐山西海景区、山东省临沂市萤火虫水洞·地下大峡谷旅游区、湖北省恩施州腾龙洞景区、湖南省常德市桃花源旅游区、广东省江门市开平碉楼文化旅游区、广西壮族自治区北海市涠洲岛南湾鳄鱼山景区、重庆市黔江区濯水景区、四川省巴中市光雾山旅游景区、四川省甘孜州稻城亚丁旅游景区、贵州省遵义市赤水丹霞旅游区、云南省文山州普者黑旅游景区、西藏林芝市雅鲁藏布大峡谷旅游景区、陕西省西安市大明宫旅游景区、甘肃省临夏州炳灵寺世界文化遗产旅游区、青海省海北州阿咪东索景区、新疆维吾尔自治区克拉玛依市世界魔鬼城景区	22

5.3 5A 景区空间分布分析

从数量分布来看，5A 级景区在不同地域的差距较大，总体呈现"东多西少、东强西弱"的分布格局。大部分 5A 级景区集中在东部地区，共有 126 家，占全国比重的 41.18%；中部地区 5A 级景区数量为 90 家，占全国总数的 29.41%；西部地区 5A 级景区数量为 86 家，占全国总数的 28.10%。其中，新疆、四川是西部地区中 5A 级景区较多的，近年来，5A 景区数量增长较快。2013～2020 年 5A 级景区区域分布情况如表 5-3、图 5-3 所示。

表 5-3　　　　　　　　2013～2020 年 5A 级景区区域分布情况一览

区域	省（区、市）名单	5A 景区数量（家）	占比（%）
东部地区	北京、天津、河北、辽宁、上海、江苏、浙江、福建、山东、广东、广西、海南（12 个省区市）	126	41.18
中部地区	山西、内蒙古、吉林、黑龙江、安徽，江西、河南、湖北、湖南（9 个省区市）	90	29.41
西部地区	重庆、四川、贵州、云南、西藏、陕西、甘肃、青海、宁夏、新疆（10 个省区市）	86	28.10

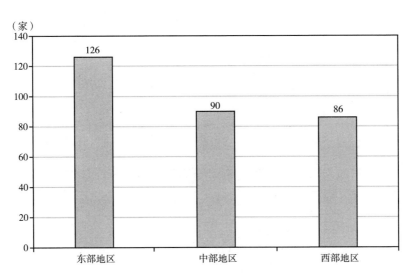

图 5 - 3 2013～2020 年国家 5A 级景区区域分布分析

5.4 各省份 5A 级景区发展分布情况

受资源禀赋、市场能级、行政范围等因素影响，全国各省（区、市）5A 景区数量对比差异明显。其中，江苏以总数 25 家位列第一；浙江以 19 家排名第二；广东、四川以总数 15 家并列第三；河南和新疆以总数 14 家并列第四；天津只有 2 家，是中国 5A 景区数量最少的省份。如表 5 - 4、图 5 - 4 所示。

表 5 - 4 　　　　　　5A 级景区各省（区、市）分布情况一览

地区	5A 级景区数量（家）	占全国 5A 景区总数比例（%）
江苏	25	8.17
浙江	19	6.21
广东	15	4.90
四川	15	4.90
河南	14	4.58
新疆	14	5.23
山东	13	4.25
江西	13	4.25
湖北	13	4.25

续表

地区	5A级景区数量（家）	占全国5A景区总数比例（%）
安徽	12	3.92
陕西	11	3.59
河北	11	3.59
福建	10	3.27
重庆	10	3.27
湖南	10	3.59
云南	9	2.94
山西	9	2.94
北京	8	2.61
广西	8	2.61
贵州	8	2.61
吉林	7	2.29
辽宁	6	1.96
内蒙古	6	1.96
海南	6	1.96
黑龙江	6	1.96
甘肃	6	1.96
西藏	5	1.63
宁夏	4	1.31
青海	4	1.31
上海	3	1.31
天津	2	0.65
总数	302	100

注：本次统计不包含摘牌景区。

2013～2020年，31个省（区、市）在5A景区创建方面都取得了良好成绩，实现5A景区数量突飞猛进。其中，5A景区增量最多的省份是江苏、浙江和新疆，8年各新增8家5A景区；广东、江西两省8年间各新增7家5A景区；四川、陕西、河北三省8年间各新增6家5A景区；河南、山东、湖南、湖北、山西、广西、贵州七省份8年间各新增5家5A景区；安徽、重

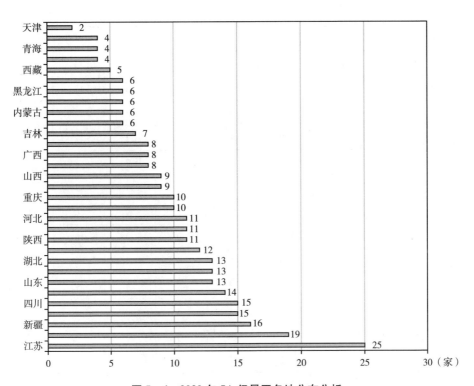

图 5 - 4　2020 年 5A 级景区各地分布分析

庆、吉林、内蒙古三省份 8 年间各新增 4 家 5A 景区；福建、云南、辽宁、甘肃、西藏五省份 8 年间各新增 3 家 5A 景区；海南、黑龙江、青海三省 8 年间各新增 2 家 5A 景区；北京、宁夏两地 8 年间各新增 1 家 5A 景区；上海、天津 5A 景区数量没有变化。如表 5 - 5、图 5 - 5 所示。

表 5 - 5　　　　　　　　2013～2020 年各省（区、市）5A 级

景区数量变化一览　　　　　　　　　　　　　　单位：家

地区	2013 年	2014 年	2015 年	2016 年	2017 年	2018 年	2019 年	2020 年
江苏	17	18	20	22	23	23	24	25
浙江	11	11	14	14	16	17	18	19
新疆	6	8	9	11	12	12	13	14
广东	8	10	11	12	12	13	14	15
四川	9	9	10	11	12	12	13	15

续表

地区	2013 年	2014 年	2015 年	2016 年	2017 年	2018 年	2019 年	2020 年
河南	9	10	11	12	13	13	14	14
山东	8	9	9	9	11	11	12	13
江西	6	6	8	8	10	11	12	13
湖北	8	9	10	10	10	11	12	13
山西	4	4	5	5	6	7	8	9
安徽	7	8	9	11	11	11	11	11
陕西	5	6	7	8	8	9	10	11
河北	5	5	7	7	9	9	10	11
福建	7	7	9	9	9	9	9	10
重庆	6	6	7	7	8	8	9	10
湖南	5	6	7	8	8	8	9	10
云南	6	6	6	8	8	8	8	9
北京	7	7	7	7	7	7	8	8
广西	3	4	4	4	5	6	7	8
贵州	3	3	4	4	5	6	7	8
吉林	3	3	5	5	6	6	7	7
辽宁	3	3	4	4	5	5	6	6
内蒙古	2	2	2	3	4	5	6	6
海南	4	4	5	6	6	6	6	6
黑龙江	4	4	5	5	5	5	6	6
甘肃	3	3	4	4	4	4	5	6
西藏	2	2	2	2	4	4	4	5
宁夏	3	3	4	4	4	4	4	4
青海	2	2	2	2	3	3	3	4
上海	3	3	3	3	3	3	3	3
天津	2	2	2	2	2	2	2	2

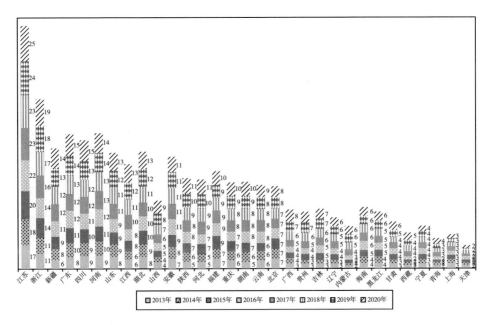

图5-5 2013~2020年各省(区、市)5A级景区的年度数量变化分析(单位:家)

纵观2013~2020年5A景区的数量变化,可以看出,江苏、浙江作为传统旅游强省,先天资源条件优越、消费市场规模庞大、区位交通得天独厚,5A景区增量也最多;内蒙古、西藏、广西、贵州、吉林、新疆、山西、江西、青海、甘肃、辽宁等中西部地区,2013~2020年5A景区数量平均增速均超过10%,这些地方或幅员辽阔、或资源密集、或文化独特,随着文旅行业的进一步发展,坐拥巨大的资源宝藏,未来5A景区增长也会十分显著,是中国旅游景区发展的主要增量来源。以上海、天津为代表的大城市地区,受地域范围相对狭窄、资源储量有限等因素制约,5A景区数量在2013~2020年均为0增长;而北京作为中国旅游热点地区,也是5A景区最早推行的地区,在2013~2020年仅新增1家5A景区。如表5-6、图5-6、图5-7所示。这说明5A景区发展已经进入存量竞争时代,考虑人民群众对文化旅游消费需求的持续扩大与质量升级,未来5A景区的市场竞争,追求"品质第一"将成为景区主要发展趋势。

表 5－6 　　　　　 **2013～2020 年各省（区、市）5A 级景区**
期末数量变化分析

地区	期末 5A 景区增加量（家）	平均增速（％）
江苏	8	5.72
浙江	8	8.46
新疆	8	13.31
广东	7	9.61
四川	6	7.70
河南	5	6.60
山东	5	7.45
江西	7	12.25
湖北	5	7.29
山西	5	12.64
安徽	4	7.00
陕西	6	12.08
河北	6	12.81
福建	3	5.67
重庆	4	7.79
湖南	5	10.65
云南	3	6.55
北京	1	2.04
广西	5	15.61
贵州	5	15.61
吉林	4	14.76
辽宁	3	11.19
内蒙古	4	18.33
海南	2	6.43
黑龙江	2	6.43
甘肃	3	11.19

续表

地区	期末 5A 景区增加量（家）	平均增速（%）
西藏	3	17.86
宁夏	1	4.76
青海	2	11.90
上海	0	0.00
天津	0	0.00

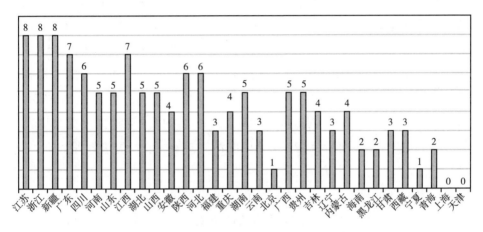

图 5－6　2013～2020 年各省（区、市）5A 级

景区增量变化分析

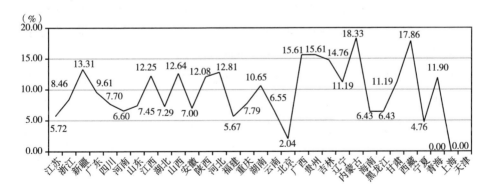

图 5－7　2013～2020 年各省（区、市）5A 级

景区增长率分析

5.5　5A 级景区发展新局面

监督机制日益强化，有进有退成常态化。2015 年以来，原国家旅游局持续加大了对 5A 级旅游景区的管理力度，建立了动态退出机制，5A 级景区监督机制日益强化，考核监管及退出机制日臻完善。2015 年 4 月，山西忻州五台山、南京夫子庙秦淮河等 9 家 5A 景区被警告要求限期整改；2015 年 10 月，秦皇岛山海关景区被取消 5A 级资质，另有 6 家 5A 级景区被严重警告。2016 年，国家旅游局以 5A、4A 级景区为重点，对全国旅游景区进行集中整治；对存在问题的景区，作出严肃处理，包括取消一批问题突出的 5A、4A 级景区资格。2017 年开始，国家旅游局在全国范围内分批开展集中检查。2019 年 7 月，文化和旅游部对复核检查严重不达标或存在严重问题的 7 家 5A 级旅游景区处理，其中，对 6 家 5A 级旅游景区予以"通报批评责令整改"处理，限期 3 个月；给予 1 家 5A 景区取消旅游景区质量等级处理，即"摘牌"。

门票价格逐渐规范化，"去门票化"开启景区旅游新局面。从国家出台《中华人民共和国旅游法》，到国家发展改革委、原国家旅游局进行门票专项整治等。以 5A 景区为重点，通过开展定价成本监审或成本调查，门票价格逐步走向规范。2018 年政府工作报告提出"降低重点国有景区门票价格"，"免票游"持续发展，景区历经深度变革期，景区运营须摆脱传统模式，实现内生性转型。国有景区门票价格形成机制得到完善，重点国有景区门票价格不断降低，回归合理区间。受 2020 年新冠疫情的深刻影响，"门票减免"趋势给文旅行业带来深刻变革，从运营向综合性服务转型，创造收入的多元化，以服务体验创造收入增长点。

预约制度逐渐常态化，智慧景区建设如火如荼。2019 年出台的《关于进一步激发文化和旅游消费潜力的意见》提出，到 2022 年，5A 级国有景区全面实行门票预约制度。管理部门要求旅游景区完善预约制度，通过即时通信工具、手机客户端、景区官网、电话预约等多种渠道推行分时段游览预约，引导游客错峰旅游。新冠肺炎疫情加速了预约制度的落地，疫情防控常态化以来，出游前先预约景区门票成为人们逐渐接受的新习惯。门票预约制度将进一步推动智慧景区的建设。

　　景区发展越来越精致化、品质化、多元化。越来越多的 5A 景区除了硬件设施、设备的完善投入外，更加突出以游客为中心，提升景区软服务；注重人性化和细节化服务的雕琢，以更高的标准提升景区管理和服务，包括景区卫生、设施设备维护、公共空间整治、旅游秩序管理、景区风貌统一、服务态度礼仪、文明旅游等方面，在旅游特色吸引、人性化服务和产品设施更新上持续创新，走旅游内涵提升之路。

　　景区的 IP 化建设与互联网营销不断强化。传统旅游景区吸引游客，一般通过旅行社、电视广告与口碑引流。随着互联网的广泛发展，信息传播途径越来越多元，景区可以依赖的渠道、平台也越来越丰富；越来越多的景区关注线上市场的投入和优化，加大对景区的线上宣传力度，增加线上售票渠道，加快景区硬件、软件配套设施的技术升级，完成智慧景区的升级，为游客提供更便捷的服务。另外，许多 5A 景区重视"IP"品牌体系建设，通过打造优秀的景区 IP，丰富景区内涵，延伸产业链，充分发挥自身高品质资源特色，打造网红产品，给游客独一无二的游玩体验，吸引游客、扩大消费、抢占市场。

| 第6章 |
景区类旅游上市公司分析

6.1 景区类旅游上市公司发展现状

从 1990 年上交所开业到 2020 年科创板走高,中国旅游上市公司也随之走过波澜壮阔的 30 年。景区企业上市一方面由于上市公司的强大融资能力,解决了景区开发的资金问题,能够集中大量资本进行大规模的开发经营;另一方面高度的市场化运作带来先进的经营机制,加速了我国旅游景区的现代化进程。20 余年来景区类上市公司一直是景区业发展的标杆,在诸多方面引领着景区业的走向,也是景区业发展的晴雨表。

A 股市场在 1996 年和 1997 年,成为目的地景区资源集中爆发的两年,先后迎来 15 家旅游上市公司。这一时期,旅游景区类上市企业的典型代表有 1996 年上市的张旅集团、西安旅游、西藏旅游,1997 年上市的黄山旅游、华侨城、峨眉旅游。这些旅游景区类上市公司大部分依托国有资产(酒店、景区、旅行社等)打包上市,成为今天旅游景区类上市企业的中流砥柱。从早期的国有旅游企业主导的上市群体,到现在民营企业改制成为上市主体的变化;从目的地旅游资源为上市对象,到如今的"科技 + 文化"的主题公园为上市对象的演变,昭示着中国旅游消费人群的变化,更有旅游消费观念的升级,更是"资本 + 市场化"运作的结果。

截至 2020 年底,已有 17 家旅游景区类公司登陆 A 股,分别为云南旅游、宋城演艺、黄山旅游、曲江文旅、峨眉旅游、西安旅游、丽江旅游、三特索道、桂林旅游、九华旅游、天目湖、张旅集团、长白山、大连圣亚、西藏旅游、华侨城、西域旅游。如表 6 − 1 所示。其中,西域旅游在 2020 年 8 月正式登陆 A 股,成为 A 股市场中第 25 家以旅游产业作为主营业务的企业。本章所有图表数据均来源于上交所、深交所公开披露的信息。

表 6 – 1　　　　　**2013 ~ 2020 年景区类上市旅游企业汇总**

序号	企业简称	上市时间
1	云南旅游	2006/8/10
2	宋城演艺	2010/12/9
3	黄山旅游	1997/5/6
4	曲江文旅	1996/5/16
5	峨眉旅游	1997/10/21
6	西安旅游	1996/9/26
7	丽江旅游	2004/8/25
8	三特索道	2007/8/17
9	桂林旅游	2000/5/18
10	九华旅游	2015/3/26
11	天目湖	2017/9/27
12	长白山	2014/8/22
13	张旅集团	1996/8/29
14	大连圣亚	2002/7/11
15	西藏旅游	1996/10/15
16	西域旅游	2020/8/6
17	华侨城	1997/9/10

目前，在国家文旅投资政策鼓励、文旅市场消费需求旺盛和文旅产业较高的投资回报率等诸多利好因素的刺激下，文旅产业发展如火如荼，成为促进经济社会高质量发展的重要引擎，在"双循环"新发展格局中扮演着重要角色，对推动经济高质量发展有着重要助力作用。旅游景区作为文旅产业链中的核心环节之一，为旅游产业的发展提供了有力支持，景区数量持续增长，并成为社会投资热点和最具潜力的投资领域之一。

6.2　景区类旅游上市公司财务分析

随着越来越多的头部旅游景区先后整合资产上市，景区一方面在融资方面获得莫大裨益；另一方面也遇到很多问题，景区类上市企业的经营状况更是文旅行业发展的缩影，其业绩可以直观地反映文旅行业的发展概况。科学分析旅游景区上市公司财务状况，对政府管理部门监控旅游景区上市公司财务质量和证券市场风险以及企业经营者防范财务危机、保护投资者和债权人、保护自身利益等，都具有重要的现实意义。本节以 2013～2020 年在 A 股上市的景区类旅游企业财报为分析对象，综合运用比较分析法、比率分析法，从企业经营状况、盈利能力、营运能力、偿债能力和发展能力等方面着手，通过财务分析了解过去，评判现在，总结景区类上市旅游企业存在的优势与劣势。

6.2.1　2013～2020 年景区类上市旅游企业整体营收情况

作为文旅领域的重要主体，各类景区运营情况备受关注。从纵向时间尺度来看，2013～2020 年景区类上市旅游企业整体营收呈增长趋势。2014 年 15 家景区类上市旅游企业总资产增幅最小，仅为 12.33%，主要是受宏观经济形势的下滑以及政策的约束，导致资产增长乏力；2015～2017 年景区类上市旅游企业资产呈较大幅度上涨，其中，2017 年增幅最快，达到 40.15%；2018～2020 年景区类上市旅游企业资产增幅呈下降趋势，其中，2020 年受新冠疫情影响，17 家景区类上市旅游企业总资产虽仍保持增长态势，但增幅下降明显。如表 6-2、图 6-1 所示。

表 6-2　　　　2013～2020 年景区类上市旅游企业营业总收入一览

企业简称	资产总计							
	2013 年	2014 年	2015 年	2016 年	2017 年	2018 年	2019 年	2020 年
云南旅游	21.06 亿元	38.75 亿元	40.41 亿元	40.04 亿元	47.79 亿元	59.33 亿元	61.92 亿元	56.76 亿元
宋城演艺	30.48 亿元	38.42 亿元	69.87 亿元	75.67 亿元	87.55 亿元	13.09 亿元	110.41 亿元	91.95 亿元
黄山旅游	33.55 亿元	34.32 亿元	40.37 亿元	51.54 亿元	47.78 亿元	47.03 亿元	49.68 亿元	48.94 亿元
曲江文旅	1.97 亿元	17.42 亿元	17.33 亿元	17.80 亿元	18.87 亿元	21.58 亿元	26.45 亿元	32.15 亿元
峨眉旅游	19.31 亿元	22.05 亿元	24.69 亿元	26.36 亿元	26.99 亿元	28.75 亿元	30.76 亿元	34.49 亿元

企业简称	资产总计							
	2013 年	2014 年	2015 年	2016 年	2017 年	2018 年	2019 年	2020 年
西安旅游	6.43 亿元	5.77 亿元	11.57 亿元	13.82 亿元	14.03 亿元	12.09 亿元	12.39 亿元	13.26 亿元
丽江股份	17.76 亿元	26.13 亿元	27.40 亿元	27.78 亿元	26.91 亿元	27.15 亿元	28.59 亿元	28.37 亿元
三特索道	16.72 亿元	20.91 亿元	22.38 亿元	25.74 亿元	26.72 亿元	28.64 亿元	28.76 亿元	27.13 亿元
桂林旅游	27.77 亿元	30.67 亿元	28.57 亿元	26.75 亿元	26.27 亿元	29.23 亿元	28.71 亿元	26.66 亿元
九华旅游	9.18 亿元	9.12 亿元	10.31 亿元	10.84 亿元	11.94 亿元	13.09 亿元	14.41 亿元	14.35 亿元
天目湖	—	—	—	9.65 亿元	11.05 亿元	11.27 亿元	12.36 亿元	16.09 亿元
长白山	4.79 亿元	8.35 亿元	9.05 亿元	11.15 亿元	11.24 亿元	12.66 亿元	13.16 亿元	12.08 亿元
张家界	6.03 亿元	6.85 亿元	8.73 亿元	20.44 亿元	23.36 亿元	24.96 亿元	26.68 亿元	27.96 亿元
大连圣亚	7.38 亿元	6.76 亿元	6.42 亿元	10.20 亿元	11.64 亿元	17.96 亿元	21.85 亿元	21.00 亿元
西藏旅游	11.68 亿元	13.37 亿元	18.53 亿元	13.25 亿元	13.36 亿元	13.48 亿元	13.21 亿元	13.68 亿元
西域旅游	—	—	—	—	4.90 亿元	5.00 亿元	5.23 亿元	7.34 亿元
华侨城	878.79 亿元	948.75 亿元	1152.66 亿元	1463.45 亿元	2174.63 亿元	2941.67 亿元	3796.20 亿元	4565.88 亿元
合计	1092.89 亿元	1227.63 亿元	1488.28 亿元	1844.48 亿元	2585.04 亿元	3306.97 亿元	4280.77 亿元	5038.09 亿元
年增长率	18.30%	12.33%	21.23%	23.93%	40.15%	27.93%	29.45%	17.69%

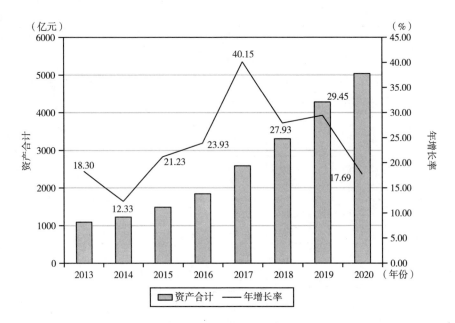

图 6-1　2013~2020 年景区类上市旅游企业资产合计变化

6.2.2　2013~2020 年景区类上市旅游企业营运能力分析

从营运能力的角度来看，主要关注景区类上市企业总资产周转率和流动资产周转率的表现。

总资产周转率体现了企业经营期间全部资产从投入到产出的流转速度，反映了企业全部资产的管理质量和利用效率，数值越高，说明企业销售能力越强、资产投资的效益越好。2013~2020 年，景区类上市企业的总资产周转率变化比较明显，纵向数据对比差距较大。其中，2013~2015 年，景区类上市企业的总资产周转率整体较高，以曲江文旅、西安旅游、张家界为代表的上市企业在运营方面表现优异，主要得益于企业不断拓展业务范围，深挖景区配套资源，通过旅游商业地产开发、战略合作、连锁加盟等方式，增加营收；特别是西安旅游，在 2013~2019 年的总资产周转率都保持在同类企业的前列，表明企业的运营能力在同行业中也位列前茅。2020 年新冠疫情给各大景区企业带来新的挑战，市场主体停摆、出行严格限制、技术服务不足等难题给景区经营造成严重影响，17 家景区上市企业的总资产周转率纷纷跌落到最低水平。如表6-3、图6-2所示。

表6-3　　　　2013～2020年景区类上市旅游企业总资产周转率一览　　　单位：%

企业简称	总资产周转率							
	2013年	2014年	2015年	2016年	2017年	2018年	2019年	2020年
云南旅游	37.30	31.48	36.04	36.36	36.92	55.13	47.48	30.54
宋城演艺	22.63	27.14	31.29	36.34	37.05	9.65	42.30	8.92
黄山旅游	38.43	43.91	44.58	36.33	35.92	34.19	33.23	15.02
曲江文旅	132.98	111.61	56.95	59.70	61.76	66.50	54.35	36.75
峨眉旅游	51.10	48.04	45.60	40.81	40.45	38.47	37.23	14.32
西安旅游	105.57	114.62	87.73	63.05	52.41	67.84	70.58	23.34
丽江股份	38.70	33.85	29.37	28.26	25.13	25.10	25.93	15.14
三特索道	22.17	20.53	19.80	18.76	20.56	23.42	23.58	14.51
桂林旅游	17.60	33.93	16.88	17.58	20.99	20.65	20.92	9.21
九华旅游	—	44.90	41.27	37.93	39.18	38.78	39.07	23.71
天目湖	—	—	—		32.07	43.85	42.59	26.31
长白山	—	44.58	36.60	30.38	34.70	38.83	36.19	11.70
张家界	89.68	75.18	86.66	40.60	25.10	19.39	16.47	6.19
大连圣亚	34.92	41.05	46.31	38.14	31.57	23.50	16.05	5.33
西藏旅游	15.55	12.78	9.53	7.94	10.64	13.30	14.08	9.37
西域旅游	—	—	—		—	38.85	47.11	8.14
华侨城	35.00	33.62	30.68	27.13	23.28	18.82	17.82	19.58
平均值	49.36	47.81	41.29	34.62	32.98	33.90	34.41	16.36

　　流动资产周转率反映了企业流动资产的周转速度，周转率越高，说明企业对流动资产的运作能力越强。从纵向数据对比来看，2013～2020年景区类上市旅游企业的流动资产周转率逐年降低，说明景区类上市旅游企业的整体资产管理和能力提升一般；其中，2020年各大企业的流动资产周转率纷纷出现历年最低值，主要是受新冠疫情影响，上半年景区大都闭门歇业，资产闲置，下半年受疫情反复影响，景区接待大打折扣，资产价值未得到充分发挥。从横向数据对比来看，企业内部的流动资产周转率数值差异比较明显，以2014年为例，九华旅游的流动资产周转率高达712.00%，说明企业的流动资产管理和运作能力在这一阶段得到大幅度提升，主要是因为九华旅游发挥自

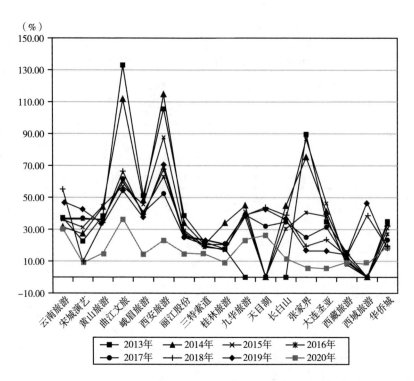

图 6 - 2　2013~2020 年景区类上市旅游企业总资产周转率变化分析

身优势，强化市场开拓，优化管理模式，加速实施企业转型，不断完善各项经营管理制度，优化管理流程，有效控制经营风险，确保内部控制符合生产经营需要，公司治理水平进一步提升，同时加强筹资结构管理，进一步提升财金管控能力，提高财务体系运行效率。如表 6 - 4、图 6 - 3 所示。

表 6 - 4　　　2013~2020 年景区类上市旅游企业流动资产周转率一览　　　单位:%

企业简称	流动资产周转率							
	2013 年	2014 年	2015 年	2016 年	2017 年	2018 年	2019 年	2020 年
云南旅游	63.24	54.93	62.02	59.72	57.18	86.13	79.49	55.99
宋城演艺	186.28	130.11	121.39	147.81	145.91	36.07	158.00	37.34
黄山旅游	103.45	121.66	108.13	87.41	85.40	72.53	13.20	6.13
曲江文旅	231.35	279.79	263.17	153.62	155.57	160.04	140.11	94.41
峨眉旅游	165.86	144.13	141.48	116.62	115.16	103.48	89.28	36.57
西安旅游	371.77	361.65	165.14	99.05	83.80	119.71	138.94	47.58
丽江股份	110.86	78.54	57.13	53.09	48.15	53.81	61.34	38.44

续表

企业简称	流动资产周转率							
	2013 年	2014 年	2015 年	2016 年	2017 年	2018 年	2019 年	2020 年
三特索道	99.69	85.52	90.46	112.18	129.46	95.30	85.65	63.93
桂林旅游	66.13	128.97	77.57	114.12	183.81	177.67	197.79	91.66
九华旅游	—	712.00	353.21	183.17	157.71	141.63	116.70	61.44
天目湖	—	—	—	—	233.68	182.71	165.51	83.11
长白山	—	90.76	68.11	86.38	146.60	174.74	158.76	48.90
张家界	611.20	617.31	629.26	401.16	270.74	208.28	200.45	93.41
大连圣亚	137.14	171.03	221.53	98.47	82.09	105.05	94.99	43.73
西藏旅游	84.57	113.52	37.55	32.70	143.49	45.22	29.30	21.31
西域旅游	—	—	—	—	—	235.38	253.08	28.37
华侨城	53.69	49.62	43.81	37.72	31.04	24.01	19.79	24.42
平均值	175.79	209.30	162.66	118.88	129.36	118.93	117.79	51.57

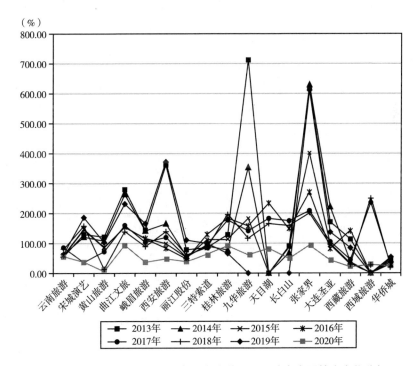

图 6 - 3　2013～2020 年景区类上市旅游企业流动资产周转率变化分析

总体来看，2013～2020 年景区类上市企业的运营能力在不断提升，公司经营能力随着行业的规范发展在不断提质升级，公司的组织管理能力越来越完善。

6.2.3 2013～2020 年景区类上市旅游企业盈利能力分析

分析企业的盈利能力，主要关注企业的总资产收益率、净利率、净资产收益率和成本费用率。

从总资产收益率来看，2013～2020 年，景区类上市旅游企业的历年数据变化起伏明显，最高值 26.40% 出现在 2019 年的宋城演艺，最低值 -17.17% 出现在 2020 年的宋城演艺。一方面说明宋城演艺企业营业能力高，文化和旅游轻资产输出变现能力强；另一方面，表明在 2020 年疫情的影响下，以宋城演艺为代表的以室内旅游活动为主的景区经营损失惨重，企业盈利能力下降明显。如表 6-5、图 6-4 所示。

表 6-5　　　　2013～2020 年景区类上市旅游企业总资产报酬率一览　　　单位：%

企业简称	总资产报酬率							
	2013 年	2014 年	2015 年	2016 年	2017 年	2018 年	2019 年	2020 年
云南旅游	4.65	3.37	3.42	3.11	3.50	18.13	2.74	2.66
宋城演艺	13.95	14.26	15.24	15.94	15.90	2.46	26.40	-17.17
黄山旅游	6.89	9.05	11.59	11.11	12.04	17.20	10.57	-0.52
曲江文旅	10.53	3.04	3.55	3.91	4.15	4.53	2.31	-2.77
峨眉旅游	8.29	10.77	9.84	8.59	8.83	8.88	9.03	-2.49
西安旅游	2.23	-3.22	1.23	1.30	-1.47	8.78	-3.06	2.62
丽江股份	13.69	12.88	11.26	11.36	9.49	9.10	10.03	3.36
三特索道	4.40	0.22	4.42	-0.17	2.16	7.52	3.04	2.05
桂林旅游	0.31	1.33	0.76	-1.21	1.78	3.15	1.46	-10.62
九华旅游	—	9.64	9.71	9.38	9.90	9.91	11.42	5.14
天目湖	—	—	—	—	12.57	14.11	15.98	6.10
长白山	—	16.44	15.73	10.38	8.67	7.65	7.96	-5.46
张家界	13.48	13.10	20.34	6.32	3.59	1.44	1.03	-3.88
大连圣亚	6.73	7.27	8.93	5.63	7.27	5.56	2.91	-4.07

续表

企业简称	总资产报酬率							
	2013 年	2014 年	2015 年	2016 年	2017 年	2018 年	2019 年	2020 年
西藏旅游	1. 12	-2. 77	0. 41	-6. 18	-6. 14	1. 62	1. 63	0. 46
西域旅游	—	—	—	—	—	13. 37	18. 28	-6. 91
华侨城	8. 59	8. 54	6. 98	7. 23	7. 05	6. 02	5. 70	5. 24

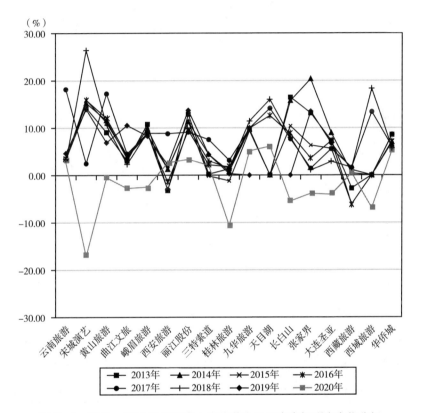

图 6 - 4　2013 ~ 2020 年景区类上市旅游企业总资产报酬率变化分析

从净利率来看，2013 ~ 2019 年数据波动不明显，最大波动出现在 2020 年，各大景区类上市旅游企业年利率严重下滑，一半以上的企业出现负增长，其中宋城演艺、三特索道、西域旅游利率下降最多，大都是因为疫情造成的景区闭门歇业所致，其中，宋城演艺、三特索道的景区门票以及索道收入占主营业务收入比重较大，年利润波动明显；西域旅游作为新上市企业，受疫情冲击，企业运营能力出现较大问题，资本市场转化能力有待优化。如

表 6-6、图 6-5 所示。

表 6-6　　　　2013～2020 年景区类上市旅游企业净利率一览　　　　单位:%

企业简称	净利率							
	2013 年	2014 年	2015 年	2016 年	2017 年	2018 年	2019 年	2020 年
云南旅游	10.17	8.16	7.57	5.81	6.95	23.75	2.10	6.67
宋城演艺	45.49	39.00	38.09	34.66	35.36	18.97	52.26	-195.76
黄山旅游	12.48	14.89	18.76	22.47	24.58	37.33	22.63	-6.76
曲江文旅	6.44	2.47	4.75	4.94	5.58	5.72	3.56	-6.62
峨眉旅游	13.68	18.92	17.92	17.95	18.20	19.47	20.39	-16.09
西安旅游	1.27	-2.98	1.13	1.14	-2.76	9.76	-3.74	11.10
丽江股份	29.56	32.36	31.63	32.72	31.56	29.55	32.21	17.60
三特索道	12.29	-6.71	14.59	-9.78	0.93	21.89	3.51	6.63
桂林旅游	0.19	2.92	3.19	-9.33	6.81	1.15	4.10	-116.21
九华旅游	16.29	16.07	17.63	18.46	18.57	18.97	21.78	15.99
天目湖	—	—	—	25.19	29.40	24.12	28.15	17.39
长白山	26.70	27.21	31.57	23.17	18.22	14.57	16.11	-37.80
张家界	10.48	12.41	16.94	10.21	12.01	5.33	2.67	-54.49
大连圣亚	16.91	13.44	15.22	10.28	15.22	15.28	12.11	-64.04
西藏旅游	4.51	-21.61	2.13	-77.84	-57.73	12.21	11.44	4.63
西域旅游	—	—	—	—	25.10	28.49	32.41	-85.43
华侨城	17.60	18.20	16.27	20.61	22.01	23.46	23.89	19.21
平均值	14.94	11.65	15.83	8.17	12.35	18.24	16.80	-28.47

从净资产收益率来看，2013～2020 年，景区类上市旅游企业的历年数据变化比较明显，2018 年、2020 年，各大景区类上市旅游企业的净资产收益率变化最大；云南旅游在 2018 年的净资产收益率达到 23.68%，成为历年净资产收益率最大的景区类上市旅游企业，主要是因为 2018 年处置持有云南世博兴云房地产有限公司 55% 股权取得投资收益所致。2020 年宋城演艺和桂林旅游的净资产收益率分别达到历年最低水平，均为负数，分别为 -22.84%、-21.89%；其中，桂林旅游亏损严重主要是因为子公司长期亏损、破产清算、

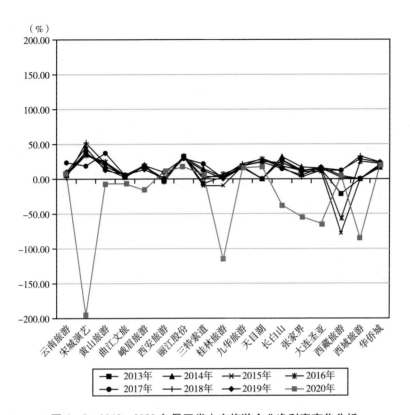

图 6 - 5　2013~2020 年景区类上市旅游企业净利率变化分析

计提坏账准备导致；宋城演艺是由于旗下景区受疫情影响于 2020 年 1 月 24 日起暂停运营，直到 2020 年 6 月 12 日才全面恢复营业，此外，宋城演艺另对持有北京花房科技有限公司的长期股权投资计提减值准备 18.6 亿元，从而造成净利润下滑严重。如表 6 - 7、图 6 - 6 所示。

表 6 - 7　　2013~2020 年景区类上市旅游企业净资产收益率一览　　单位:%

企业简称	净资产收益率							
	2013 年	2014 年	2015 年	2016 年	2017 年	2018 年	2019 年	2020 年
云南旅游	5.33	4.01	5.35	4.53	5.84	23.68	2.37	4.72
宋城演艺	10.57	10.43	11.30	13.97	14.30	8.37	13.81	- 22.84
黄山旅游	7.85	9.86	10.37	8.89	10.43	14.31	8.04	- 1.19
曲江文旅	11.00	3.40	5.62	5.84	6.64	7.51	4.39	- 7.22
峨眉旅游	7.04	10.41	9.79	9.05	8.85	8.86	8.86	- 2.95
西安旅游	1.84	- 4.76	1.03	1.08	- 2.46	9.93	- 3.77	3.72

续表

企业简称	净资产收益率							
	2013 年	2014 年	2015 年	2016 年	2017 年	2018 年	2019 年	2020 年
丽江股份	17.36	11.76	11.41	11.32	8.85	7.87	8.65	2.85
三特索道	4.93	-2.26	5.21	-5.11	0.58	14.54	2.12	1.80
桂林旅游	0.05	1.81	0.99	-2.95	2.41	0.41	1.55	-21.89
九华旅游	13.17	12.37	7.89	7.74	8.09	8.37	9.75	4.43
天目湖	—	—	—	22.09	11.96	13.13	14.29	6.22
长白山	14.21	10.13	11.69	7.89	7.45	6.69	6.96	-5.49
张家界	12.09	12.05	18.66	8.90	4.23	1.58	0.71	-6.10
大连圣亚	12.26	10.07	11.34	5.40	8.18	6.72	4.54	-12.16
西藏旅游	1.19	-5.40	0.50	-18.27	-17.92	2.07	2.04	0.56
西域旅游	—	—	—	—	14.66	14.74	18.76	-7.18
华侨城	17.92	17.34	12.43	15.19	14.23	14.64	3.78	3.44
平均值	9.12	6.75	8.24	5.97	6.25	9.61	6.29	-3.49

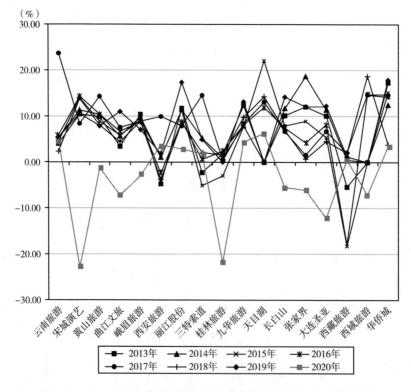

图 6-6　2013~2020 年景区类上市旅游企业净资产收益率变化分析

从成本费用率来看，2013～2020 年，景区类上市旅游企业的历年数据波动一般，2018 年、2020 年，各大景区类上市旅游企业的成本费用率变化最大；其中，峨眉旅游 2018 年的成本费用率高达 753.58%，说明企业利润低，主要是受到宾馆、酒店、旅行社等服务业及其他类业务收入下滑的拖累所致。2020 年各大企业受疫情影响利润下滑严重，折旧、摊销及资金成本等固定成本的投入，导致疫情期间景区企业经营成本居高不下，高比例导入固定成本企业受损更加严重。如表 6－8、图 6－7 所示。

表 6－8　　　　2013～2020 年景区类上市旅游企业成本费用率一览　　单位:%

企业简称	成本费用率							
	2013 年	2014 年	2015 年	2016 年	2017 年	2018 年	2019 年	2020 年
云南旅游	88.19	91.31	90.84	92.79	91.25	92.27	95.26	94.72
宋城演艺	45.45	50.22	51.43	57.13	56.25	75.88	43.95	82.10
黄山旅游	82.01	78.25	74.57	71.01	71.44	70.59	70.58	112.52
曲江文旅	93.02	98.57	95.30	95.52	93.48	92.39	95.65	104.40
峨眉旅游	83.67	77.39	83.58	82.43	76.95	753.58	73.50	114.10
西安旅游	104.66	103.58	105.48	106.33	106.50	104.62	103.63	140.07
丽江股份	64.66	62.91	61.90	59.96	60.99	62.77	62.28	77.49
三特索道	98.97	98.82	91.62	98.10	92.19	84.57	85.83	125.93
桂林旅游	106.72	97.45	101.55	120.19	97.64	93.70	102.57	190.47
九华旅游	79.85	78.78	76.25	75.06	76.30	75.88	73.04	83.07
天目湖	—	—	—	132.42	138.76	70.39	63.03	86.74
长白山	65.44	63.86	57.53	66.10	75.93	80.82	78.37	150.43
张家界	85.25	82.12	76.82	84.28	97.69	93.15	96.05	169.58
大连圣亚	84.91	81.53	82.45	81.46	78.65	71.58	79.72	166.45
西藏旅游	93.41	118.06	141.77	173.00	157.08	96.61	95.68	113.08
西域旅游	—	—	—	71.69	64.79	61.23	184.37	
华侨城	78.51	77.47	79.75	77.60	82.55	73.97	75.50	77.30
平均值	83.65	84.02	84.72	92.09	89.73	120.99	79.76	121.93

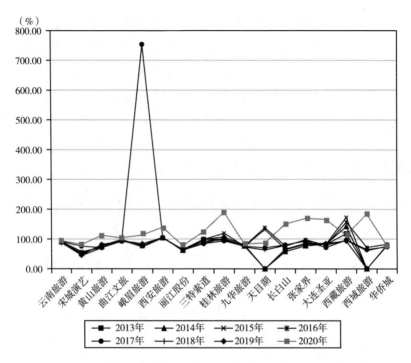

图 6 - 7　2013～2020 年景区类上市旅游企业成本费用率变化分析

6.2.4　2013～2020 年景区类上市旅游企业偿债能力分析

分析企业的偿债能力，主要关注企业的资产负债率和流动比率。

资产负债率反映了企业总资产中有多大比例是通过借债来筹资的，比率值越小，表明企业的偿债能力越强，在风险可控的条件下，适当提高资产负债率有利于提高资金利用的效率；指标值适宜水平为 40%～60%，70% 是资产负债率警戒线，比率值大于 1，说明企业已经资不抵债，有濒临倒闭的危险。站在时间纵向角度看，2013～2020 年，景区类上市企业资产负债率变动整体不大，但 2014 年的曲江文旅和 2016 年的张家界分别出现历年最高峰值；其中曲江文旅 2014 年资产负债率高达 484.97%，主要是因为公司业务调整，归还贷款、支付税费产生货币资金减少和折旧摊销产生长期资产减少所致；张家界 2016 年资产负债率高达 156.37%，主要是因为公司投入在建工程宝峰湖景区、大庸古城项目的金额增加。而华侨城从 2013～2020 年的资产负债率一直居高不下，远高于 70% 这一资产负债率警戒线，主要是因为公司受

"旅游 + 地产"的产业定位影响，服务于旅游文化产业的房地产板块的天然高负债率使得企业整体资产负债率维持在较高水平，说明企业近些年的业务调整效果不佳；2020 年以来，华侨城集团频频出售旗下公司股权、债权，以回笼资金，缓解资金压力。如表 6 - 9、图 6 - 8 所示。

表 6 - 9　　　2013 ~ 2020 年景区类上市旅游企业资产负债率一览　　　单位：%

企业简称	资产负债率							
	2013 年	2014 年	2015 年	2016 年	2017 年	2018 年	2019 年	2020 年
云南旅游	46.16	92.92	52.15	52.60	71.20	17.63	19.88	50.32
宋城演艺	4.30	11.28	33.13	14.40	16.87	2.38	88.53	13.22
黄山旅游	38.41	35.20	29.93	23.12	11.16	9.95	9.45	8.62
曲江文旅	68.26	484.97	51.46	51.50	52.62	60.04	73.54	84.19
峨眉山	25.13	20.65	23.52	23.13	18.23	18.51	18.36	29.34
西安旅游	28.52	21.74	56.32	46.37	42.26	24.11	31.71	34.89
丽江股份	38.27	32.04	21.47	19.10	8.69	6.16	6.21	5.97
三特索道	57.55	56.41	49.61	76.46	70.06	70.65	61.26	42.29
桂林旅游	54.12	52.64	40.87	39.74	39.53	49.98	43.56	45.71
九华旅游	—	41.17	14.78	12.44	15.66	17.46	18.42	14.10
天目湖	—	—	—	—	29.94	20.63	21.72	45.52
长白山	—	10.12	5.45	23.62	15.62	22.67	18.46	14.53
张家界	32.98	30.91	37.96	156.37	37.91	38.95	42.66	48.11
大连圣亚	54.98	39.15	34.42	64.83	51.18	86.43	74.20	68.57
西藏旅游	43.66	59.63	90.05	42.46	66.44	22.19	19.75	25.20
西域旅游	—	—	—	—	—	26.08	21.38	23.79
华侨城	82.50	71.27	77.04	85.22	103.86	99.79	96.76	91.20
平均值	44.22	70.67	41.21	48.76	40.70	34.92	39.17	37.97

流动比率越高，表明企业资产流动性越大，企业短期偿债能力越强，反之，越弱。但是比率太大表明流动资产占用较多，会影响经营资金周转效率和获利能力，一般认为合理的最低流动比率为 2。从整体上看，2013 ~ 2020 年景区类上市企业的行业平均值集中在 1.00 ~ 2.00。但是，仔细分析各个公司不同年份的流动比率值，可以看出 2017 年各大景区上市企业的流动比率值的波动最大；其中，黄山旅游 2017 年的流动比率高达 554.33%，远高于流

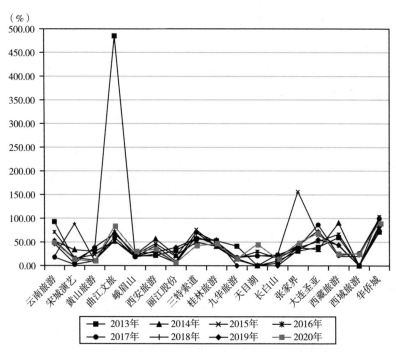

图 6－8　2013～2020 年景区类上市旅游企业资产负债率变化分析

动比率的合理区间以及行业平均值，说明企业流动资产相对于流动负债太多，大大超出了行业流动比率平均值，主要是因为公司"走下山、走出去""二次创业""旅游＋""一山一水一村一窟"发展战略的初步实施，公司新型业务增加导致的资金投入增加。2019 年景区上市企业平均流动比率远超指标合理区间，达到 5.8，主要是因为受 2018 年以来门票下降趋势影响，景区传统门票收入减少，纷纷调整经营战略，开拓新业务，大量投资新项目，谋求企业的创新转型，增加了许多负债所致，同时，作为新的利润增长点，新项目的前景和盈利水平存在着许多不确定性，在很大程度上影响企业资金回流，负债平衡难度较大。如表 6－10、图 6－9 所示。

表 6－10　　　2013～2020 年景区类上市旅游企业资产流动比率一览　　　单位:％

企业简称	资产流动比率							
	2013 年	2014 年	2015 年	2016 年	2017 年	2018 年	2019 年	2020 年
云南旅游	247.37	140.18	154.09	146.01	119.21	139.28	125.10	128.41
宋城演艺	303.27	311.04	262.71	306.03	183.16	204.46	381.82	275.83
黄山旅游	102.95	109.96	188.64	316.03	554.33	550.79	6444.66	579.98

续表

企业简称	资产流动比率							
	2013 年	2014 年	2015 年	2016 年	2017 年	2018 年	2019 年	2020 年
曲江文旅	65.86	14.94	102.46	127.85	112.59	130.61	90.26	115.87
峨眉山	223.10	171.91	268.28	261.84	348.56	402.24	426.23	343.09
西安旅游	126.96	126.95	244.51	169.32	158.32	184.32	170.69	146.32
丽江股份	254.65	582.07	649.90	354.50	570.40	744.13	730.99	655.22
三特索道	77.07	76.53	46.43	50.44	37.49	111.77	68.08	93.01
桂林旅游	91.20	77.38	72.05	101.85	62.78	65.97	52.40	76.39
九华旅游	39.09	41.60	147.98	240.95	199.16	204.46	244.61	318.93
天目湖	—	—	—	20.22	158.38	179.84	132.86	180.13
长白山	489.86	1120.12	1140.65	120.82	163.21	160.80	265.50	250.61
张家界	112.95	69.52	72.06	13.44	41.85	67.12	75.13	48.30
大连圣亚	86.42	95.15	95.57	173.41	68.75	42.19	48.02	24.94
西藏旅游	90.08	49.36	80.21	23.66	17.51	252.21	238.37	188.45
西域旅游	—	—	—	—	114.34	166.87	177.34	580.74
华侨城	133.67	159.18	188.24	147.91	162.13	161.60	185.71	129.61
平均值	162.97	209.73	247.59	160.89	180.72	221.69	579.87	243.28

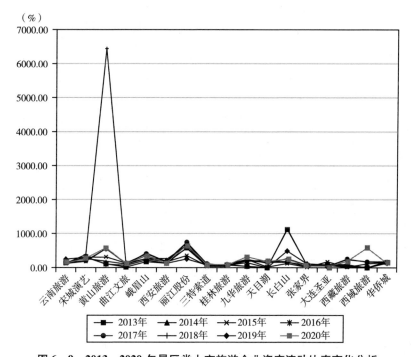

图 6-9　2013~2020 年景区类上市旅游企业资产流动比率变化分析

6.2.5 2013～2020年景区类上市旅游企业发展能力分析

分析企业的发展能力，主要关注企业的总资产增长率和资本积累率。

从总资产增长率变化趋势来看，2013～2020年，景区类上市企业的资产规模大都呈上涨趋势，部分年份为负增长，大多数企业的历年资产数据变化为正负参半，表明景区行业整体发展仍旧不容乐观，旅游企业资产扩张面临问题较多。其中，峨眉山、张家界、华侨城总资产增长率都保持正增长，表明企业资产经营规模扩张比较稳健，企业发展能力较强。而宋城演艺、曲江文旅、大连亚生、西安旅游的总资产增长率年度指标变化起伏较大，说明企业经营稳定性一般，资产扩张步伐不够稳健，企业发展能力有待提升。如表6-11、图6-10所示。

表6-11　　　2013～2020年景区类上市旅游企业总资产增长率一览　　　单位：%

企业简称	总资产增长率							
	2013年	2014年	2015年	2016年	2017年	2018年	2019年	2020年
云南旅游	27.05	83.95	4.28	-0.91	19.35	24.16	4.35	-8.33
宋城演艺	3.30	26.08	81.84	8.31	15.69	-85.05	743.59	-16.72
黄山旅游	-0.73	2.28	17.63	27.68	-7.29	-1.57	5.62	-1.49
曲江文旅	-88.77	783.85	-0.55	2.72	6.02	14.36	22.59	21.53
峨眉山	48.38	14.17	11.94	6.77	2.42	6.50	7.00	12.14
西安旅游	2.28	-10.29	100.65	19.43	1.53	-13.85	2.56	6.96
丽江股份	6.24	47.14	4.84	1.39	-3.13	0.91	5.29	-0.76
三特索道	17.76	25.04	7.06	15.02	3.80	7.17	0.43	-5.67
桂林旅游	22.23	10.45	-6.84	-6.39	-1.78	11.26	-1.77	-7.13
九华旅游	—	-0.70	13.09	5.20	10.10	9.62	10.14	-0.46
天目湖					14.57	1.97	9.66	30.19
长白山	—	74.28	8.43	23.15	0.85	12.58	3.93	-8.17
张家界	17.50	13.60	27.46	134.21	14.29	6.84	6.89	4.78
大连圣亚	4.16	-8.36	-4.96	58.84	14.03	54.32	21.68	-3.90
西藏旅游	3.68	14.40	38.67	-28.51	0.87	0.88	-2.06	3.58

续表

企业简称	总资产增长率							
	2013 年	2014 年	2015 年	2016 年	2017 年	2018 年	2019 年	2020 年
西域旅游	—	—	—	—	—	1.93	4.71	40.27
华侨城	20.38	7.96	21.49	26.96	48.60	35.27	29.05	20.28
平均值	49.36	47.81	41.29	34.62	32.98	33.90	34.41	16.36

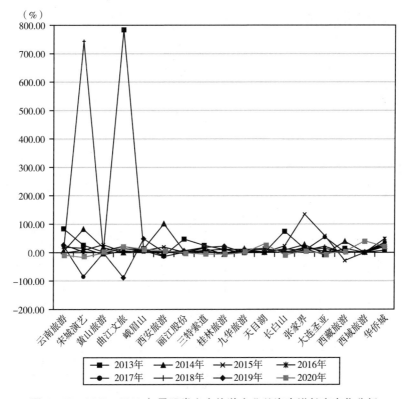

图 6 - 10　2013 ~ 2020 年景区类上市旅游企业总资产增长率变化分析

从资本积累率来看，2013 - 2020 年，景区类上市企业的指标值变化波动比较大，企业之间的数值参差也比较明显，表明景区类上市企业的资本扩张之路比较崎岖，企业发展普遍存在较多不稳定性，综合发展能力提升空间较大。具体来看，2019 年的宋城演艺资本积累率出现年度最高峰值，主要是因为公司向"聚合 + 开放"的平台型公司转型升级取得良好的整合效果和经济效益；张家界千古情推出即实现盈利，还完成珠海宋城演艺谷项目签约，和花房集团的重组运营，证明了企业资本保全性更强，应付风险、持续发展的能力更大。同时，天目湖和华侨城则连续实现多年资产积累率正增长，即使受 2020 年疫情的突然冲击，仍保持了资本的正增长，表明企业发展实力较强，远高于行业平均水平；其中，华侨城的历年资本积累率都普遍高于行业平均值，充分彰显了华侨城作为国内文旅集团领军者的强大企业发展能力和竞争优势。与此同时，桂林旅游、西藏旅游却出现 4 年的资本积累负增长，一方面是受旅游行业不稳定性因素的影响；另一方面也表明企业的抗风险能力、应急能力等方面存在一些问题，企业发展能力亟待提高。如表 6 - 12、图 6 - 11 所示。

表 6 - 12　　　　　2013 ~ 2020 年景区类上市旅游企业资本积累率一览　　　　单位:%

企业简称	资本积累率							
	2013 年	2014 年	2015 年	2016 年	2017 年	2018 年	2019 年	2020 年
云南旅游	33.41	42.99	5.33	- 7.00	2.63	53.66	- 13.74	0.20
宋城演艺	7.03	19.78	63.33	14.83	13.97	- 85.29	798.12	- 21.73
黄山旅游	6.93	9.42	33.72	40.24	- 0.41	0.59	6.98	- 7.10
曲江文旅	11.49	3.52	6.33	6.15	7.11	7.84	3.28	- 6.69
峨眉山	51.04	12.59	7.95	5.89	7.47	6.22	8.11	- 0.05
西安旅游	1.00	- 5.76	90.50	1.58	- 3.13	6.29	- 1.62	4.33
丽江股份	11.77	79.90	6.58	3.48	8.65	4.08	5.53	- 0.89
三特索道	42.95	34.23	4.66	- 28.14	0.65	12.34	14.94	33.43
桂林旅游	4.50	3.75	- 0.08	- 4.03	1.99	2.53	- 0.73	- 15.27
九华旅游	—	11.79	67.94	6.70	7.11	7.44	9.09	2.60
天目湖	—	—	—	—	124.78	10.11	10.24	5.58
长白山	—	79.59	9.32	4.80	5.44	6.40	7.02	- 6.01
张家界	13.47	14.95	22.97	10.84	129.82	1.59	1.08	- 5.69
大连圣亚	13.97	11.19	5.81	47.40	6.20	23.17	7.92	- 29.42
西藏旅游	0.90	- 5.39	1.55	- 17.19	- 15.20	130.50	0.24	- 1.82
西域旅游	—	—	—	—	—	11.97	11.97	46.37
华侨城	26.09	16.60	30.79	14.08	36.08	17.85	391.98	20.28
平均值	17.27	21.94	23.78	6.64	20.82	12.78	74.14	1.07

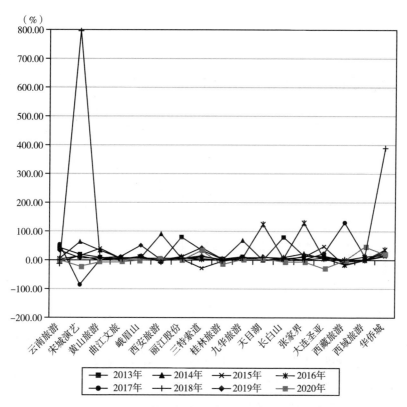

图 6 – 11　2013 ~ 2020 年景区类上市旅游企业资本积累率变化分析

| 第 7 章 |

景区发展的机遇与挑战

7.1 景区发展的机遇

7.1.1 高质量发展助推景区转型升级

习近平总书记在党的十九大报告中明确指出，"我国经济已由高速增长阶段转向高质量发展阶段"。推动高质量发展是"十四五"时期确定发展思路、制定经济政策、实施宏观调控的根本要求。"十四五"时期，旅游业发展也要坚持高质量发展的主线，从高速旅游增长阶段转向优质旅游发展阶段，通过创新实现质量提升和效益提升。同时，还要服务于国民经济的高质量发展，在产业结构调整和高质量发展中发挥更大的作用。

7.1.2 经济收入增加助力景区消费升级，国民消费需求更加旺盛

"十四五"时期是我国从小康走向富裕的过渡时期，也是旅游消费升级与市场转型的重要时期。2019 年，我国人均 GDP 突破 1 万美元，国内旅游市场规模达到 60.06 亿人次，居民年人均出游次数达到 4.3 次，旅游日益成为国民大众美好生活的重要组成部分。经济收入的快速增长催生了巨大的市场需求与消费潜力，市场需求呈现爆发式增长与消费升级的发展趋势。

随着家庭收入水平的不断提高，未来几年，将形成更大规模的中等收入群体，国民拥有更加充足的休闲时间，形成一个更加强大的国内市场。这将带来消费需求规模的扩大和消费结构的升级：消费内容从温饱型向发展型、享受型消费转变；消费品质由中低端向中高端转变；消费形态由物质型向服务型和精神文化型转变。景区消费是人民群众美好生活需要的重要组成，符

合上述发展趋势，"十四五"期间人民群众的景区旅游需求可望得到更大程度释放。尤其是叠加文化、养老、健康、教育等需求的景区文化旅游、养老旅游、健康旅游、研学旅游等，将成为景区持续的消费热点。

在此背景下，游客的出游动机、组织方式、消费内容、消费模式等将会发生根本性变化，家庭出游、自驾游、休闲度假等成为主流，对景区旅游品质的诉求日益增加。在国有重点旅游景区降价、高速公路通行免费、文化和旅游惠民措施推行等带动下，越来越多的人选择外出旅游作为自己的休假方式，节假日景区旅游成为新民俗，景区旅游消费成为城乡居民的基本消费。

7.1.3　人口结构变化促使景区产品转换

"十四五"时期，我国人口发展将经历深刻的调整，根据联合国经社理事会人口司预测，"十四五"时期，中国 60 岁以上老年人口将达到 3 亿人，占总人口的比重超过 20%；其中，65 岁以上人口会突破 2 亿人，占比达到14% 以上。按照国际标准，届时我国将由轻度老龄化社会转为中度老龄化社会。"十四五"时期，景区业的发展要重点面向人口结构变化，特别是老龄化社会的到来，做好老年景区旅游产品开发，特别是促进景区与康复、护理、养老服务业等的融合发展，将成为景区业未来发展的新契机。

7.1.4　科技革命催生景区产业变革

随着数字技术与景区业的深度融合，数字技术对原有景区产品不断进行改造和创新，赋予传统景区旅游产品新的生命力和价值，推动景区业高质量发展，提升景区数字化水平。同时，景区业在产业融合、数字科技、疫情等多重因素的作用下正在发生着化学变化，新业态、新模式、新产品正在裂变，为景区文旅融合的发展提供了新的市场和空间。新媒体将凭借自身的开放性与分享性，成为国民彰显自我的主平台，景区旅游直播、视频分享、景区旅游社群成为新的旅游方式。在数字科技、移动网络走入寻常百姓家的今天，每个人都有记录生活、凸显个性的需求。几乎国民经济的各行各业都与景区展开了跨界融合，不断催生出日益细分、日益碎片化的市场。此外，定制旅行已从概念走向市场，正从小众走向大众。"互联网＋景区"持续深化，实现高技术与文化历史的完美结合，创造出满足大众对美好生活需求的景区旅游产品。随着 5G 技术商用以及智能化技术崛起，科技成为景区产业新的发展引擎，以"文化＋景区＋科技"为发展理念的智慧景区逐渐成形，不仅催生更多新模式、新技术，提升产业链的效率，同时助推文旅消费场景的创新。与文化与科技的融合，成为未来景区旅游项目开发和市场运营的重要手段，通过"科技＋文化"IP，借助 5G、AR、大数据、物联网等数字技术在旅游服务、旅游沉浸式体验方面创新发展。

7.1.5　时代背景促进景区与生态、健康密切结合

党的十九大报告对"加快生态文明体制改革，建设美丽中国""建立以国家公园为主体的自然保护地体系""健康中国战略"等做出重要部署。"十四五"时期，加强生态治理和管控，推进绿色发展、建设美丽中国，将贯穿经济社会发展的各个方面和全过程。2020 年初以来的新冠疫情，进一步引起了社会对生态和健康的关注，其深远影响将逐步显现。景区业与生态、健康密切相关，景区绿色旅游、景区生态旅游将与生态文明建设相得益彰，同时，景区将与体育、医疗、健康等融合发展，共同促进健康中国建设。

7.2　景区发展的挑战

7.2.1　过度商业化导致了游客满意度和社会声誉下降

40 年来旅游景区的快速发展也伴随着过度商业化的诟病。特别是一些自然历史文化场所充斥着对传统文化、革命文化的不正当理解和宣传，"三俗文化"甚嚣尘上，如曾经的冉庄"鬼子照"留念、西门庆故里和曹操墓之争等。而之前少林寺升国旗这种对国外的宗教场所来说都是再正常不过的举动却引发了各种热议，背后的原因令人深思。

过度商业化在旅游景区的开发上，体现为大量模仿和舶来，金字塔、凯旋门、白宫、金门大桥……越来越多的山寨建筑、山寨景观、山寨小镇，以旅游开发的名义一而再、再而三地出现。差评不断，却屡禁不绝。不容否认，这些山寨品对于部分三、四线城市，对于那些还没有迈出国门者可能还有一定的吸引力。但是总体上看，这种现象不应当，也不可能成为我国旅游景区

开发的主流价值取向。

受益于旅游休闲市场的繁荣，我国正在迎来新一轮的主题公园建设热潮。自 2015 年起，主题公园就已经超过山水人文景区，成为中国居民最普遍接受的休闲娱乐新选择。国内主题公园虽有欢乐谷、长隆、华强方特等有国际影响力的文旅品牌，但普遍的 IP 认同度不高，文化底气不足，在市场渠道、消费引领等方面越来越多地丧失了话语权，对市场主动权的把握越来越低，从而导致在景区产业链中"国际占高端，本土占中低端"的竞争格局。与此同时，国际品牌不断进入中国市场，迪斯尼开业了，环球影城也开业了，小猪佩奇跟着 Hellokitty、维尼小熊也要进来了。进来没有问题，但如何让这些国际品牌合乎我们的文化理念，体现我们的价值观，尚没有系统的应对理念和举措，表现为过度倚重、宣传技术的力量，忽视文化软实力的渗透与建设。

7.2.2　市场活力不足影响社会投资和创业创新的热情

与部分旅游景区过度商业化的喧嚣形成鲜明对比的是一些旅游景区的无人问津，市场活力不足。特别是一些传统的山岳、湖泊景区依旧躺在过去的荣耀上，依靠"老天爷"吃饭，管理体制和机制的僵化影响了景区市场活力的发挥。

在景区业发展越来越开放的背景下，旅游经济运行的主导权已经从资源方转向了需求方，或者说游客主权的时代来临了。这个时代对旅游景区的品质和内容也提出了更多、更高的要求。而目前，受制于体制、机制和国情、旅情，我们的很多国有景区甚至还不是严格意义上的市场主体。如果继续沿着"靠山吃山，靠水吃水"和"圈山圈水收门票"的资源驱动型路子走下去，很可能相关机构的牌子越挂越多，景区的市场生命力却越来越弱。

此外，博物馆类景区中，除了故宫等少数博物馆依靠其深厚的馆藏文化底蕴、借助灵活的旅游营销策略，对游客极具吸引力之外，相当数量的博物馆是缺少人气的。有些博物馆几亿元、十几亿元的资金投进去了，一年游客才几万人次，投入与市场预期不符，缺乏应有的市场影响力。

7.2.3　疫情对景区的冲击与影响

疫情终会过去，旅游业终会振兴，但是传统的旅游景区发展模式及其相适应的旅游发展理论，以及资源规划、发展动能和组织方式，很可能会一去不复返了。

景区旅游需求没有消失，但无法简单地回到过去。中国旅游研究院、携程旅游大数据联合实验室发布的"2020疫后旅游大数据调研报告"中显示：40%的受访者经常关注旅游和优惠促销信息，43%的人表示如果疫情结束，会选择在2020年上半年旅游。这说明旅游需求并没有因为疫情消失，只是延后了。就是在疫情最严重的时期，北京颐和园等开放空间和城市公园也没有间断过本地休闲游客。至于探亲访友和商务旅行等非观光团队游客，则是一直都存在的。只要人民有需要、市场有基础、地方有动力，旅游市场的疫后振兴是早晚的事情。

国内旅游景区市场振兴是当前旅游战疫的首要任务，但不应当，也决不能简单地回到过去。景区市场的恢复、景区产业的振兴与具体景区企业的振兴是相互关联的，但又有具体的差别。未来旅游目的地的竞争是地方经济社会发展水平和综合实力的竞争，而不是传统的自然资源和历史遗存的竞争。地方政府尤其是旅游主管部门继续盯着A级景区和星级酒店的数据而沾沾自喜的话，就不可能理解上海、苏州、杭州、厦门、广州、深圳等地为什么在旅游接待人次、旅游收入、旅游企业全员生产率、创业创新活跃度、游客满意度等发展指标上，远远超过中西部那些看上去景区资源很丰富的全域旅游示范区。

碎片化的消费需求和多元叠加的旅游市场正在形成。景区消费正变得前所未有的复杂，新的需求正在积聚，居民休闲、商务旅行开始与观光旅游交融叠加而成全新的当代旅游市场。当旅游成为生活方式，我们不仅要关注游客在异地的生活，也要关注本地人的休闲生活，这两者不仅不能分割来看，而且事实上正在加速融合。本地生活有品质和调性了，外来游客就愿意来分享。旅游景区、主题公园、游乐园、度假酒店和旅游综合体，能够与生活场景和品质体验相结合，就会引来本地人的高频消费。景观之上是生活，寻常生活客自来，万丈红尘最温暖。如何将相对低频的旅游和相对高频的本地休闲统一到两者兼顾的景区服务模型和目的地建设中来，是提高景区市场主体抗风险能力的切入点，也是行政主体引领目的地建设的出发点。与此同时，旅行服务混业经营的时代正在到来，旅游住宿、旅游景区、主题公园等典型行业也开始从单一形态向复合型生活场景方向变迁。对于具体的企业而言，这才是趋势性的战略危机。

科技与文化正在取代传统资源，成为景区业发展主动能。科技、文化、时尚、教育、创业正在改变经济组织和社会发展方式，也为旅游业注入全新的动能。旅游是不是现代服务业，是生产性服务业还是生活性服务业？这个问题不应当，也不需要再讨论。2009年国务院发布的《关于加快旅游业发展的意见》，已经明确旅游业在国家战略体系中的定位，即国民经济战略性支柱产业和人民群众更加满意的现代服务业。这一定位在过去10年的政府文件和产业实践中不断得到强化，旅游兼具生产性和生活性的现代服务业属性越来越明显。美国运通、日本JTB、欧洲的途易等大型旅游集团对当代科技和文化创意的战略性思考和系统化应用，宝格丽、无印良品等时尚品牌对高端和轻奢酒店的介入，都在明确无误地告诉我们：传统正在消逝，而未来已来。

面对广大散客的碎片化需求以及融入城乡居民日常生活的分散化供给，传统的人工操作模式和历史经验无法告诉景区业未来的答案。日渐走入日常生活的5G、人工智能、大数据、无人驾驶、机器翻译、无接触服务，已经从根本上颠覆了传统的景区消费方式，下一步必然会颠覆传统的景区游服务方式。插上科技和人文两个翅膀的景区业才可能应对下一个10年的周期性或者战略性危机。

景区发展模式和治理能力面临更大的压力。如果需求牵引的市场主体已经走在产业创新的前面，政府和公共部门就不能再沿用传统的"政府主导、适度超前"的发展模式了。与40年前相比，旅游市场基础、产业动能和国家治理体系治理能力都发生巨大的变化。改革开放初期的入境旅游发展时期，政府拥有旅游发展所需的资金、人才、项目、信息和政策等几乎全部资源，除国旅、中旅、青旅三大国有旅行社外，政府接待宾馆和风景名胜区等国有企事业单位，民间性和社会化的市场主体近乎于无。今天，民营和外商占有旅游企业一半以上的份额，线上旅行代理商、经济型酒店、主题公园、廉价航空等业态创新层出不穷，人力资源更是呈现高学历、高水平和低年龄的"两高一低"态势。移动互联网和大数据进一步减弱了政府与市场之间的信息不对称，假日制度调整和标准推进等政策的边际效应开始递减。依法治国理念的落实和法治化进程的推进，行业协会的完善，让景区市场主体与政府之间的互动变得更加理性、规范和透明。"充分发挥市场在资源配置中的决定性作用，更好发挥政府作用"，是坚持社会主义基本经济制度，推动经济高质量发展的要求，也是完善党和国家在旅游领域包括景区领域推进治理体系和治理能力现代化的必然要求。必须建立并完善基于大数据的景区运行监测与预警平台，成为周期性危机和公共卫生、自然灾害和目的地动乱所引发的偶发危机的"吹哨人"，及时预警景区业的"灰犀牛"和"黑天鹅"。

跨界融合涌现新业态。在个性化、多样化的市场需求持续刺激下，景区业表现出了强大的跨界能力，从"吃住行游购娱"到"商养学闲情奇"，景区＋农业、景区＋工业、景区＋购物、景区游＋教育、景区＋医疗、景区＋体育、景区＋影视、景区＋地产、景区＋演出、景区＋金融，几乎国民经济的各行各业都与景区旅游展开了跨界融合，不断催生出日益细分、日益碎片化的市场。景区夜间旅游、景区冰雪游、景区避暑游、博物馆旅游、景区研学旅游等分众市场不断涌现，小包价、定制游、微旅游、深度游、自驾游等个性化、体验性和品质化景区旅游消费需求稳步增加，景区旅游消费时空和内容均得以更好地迭代延伸。不断崛起的小众市场在时间、空间、游客诉求等方面寻找碎片化的个性需求，并表现出强大的市场吸引力，产生高黏性客群，抓住这些碎片化小众市场的"小而美"的景区企业，将在未来获得更广阔的生存空间。

| 第 8 章 |

景区发展的价值取向与政策选择

目前，旅游景区面临大众旅游发展阶段的新需求、社会资本投资、移动手机和互联网商业模式创新、当地社区居民权益诉求、游客对公共资源权利意识觉醒、《中华人民共和国旅游法》颁布实施等发展环境的变化，国有自然资源景区涨价现象及其引起的广泛争议，投资主体多元化、环球影城迪士尼等国际品牌进入国内市场，都使景区业面临前所未有的复杂局面，承载着前所未有的重负和重任。"春江水暖鸭先知"，中国景区业也到了必须回应这些变化和挑战、重新认识景区、重新审视发展理念的时候。

8.1 景区发展的方向

8.1.1 "玩得起"依然是老百姓最强烈的呼声

每到旅游旺季、大小长假，景区价格就会成为媒体上铺天盖地的宣传点，直至 2018 年的政府工作报告提出"将推进降低重点国有景区门票价格等工作"。媒体、大众和政府的关注充分说明，老百姓对景区的态度是积极的，但围绕"谁是景区的主人""该不该收费""收费的依据和程序是什么"等问题，利益相关者各说各话。一些地方政府与经营者的目标趋同，导致包括国有自然资源在内的景区连续涨价。相对昂贵的景区门票，不仅低收入群体望而却步，中高收入群体也感叹"玩不起"，这已成为景区业的突出矛盾。当前各部门、各地区在考虑景区的经济效益时，往往忽略综合考虑其环境效益、社会效益等，环境效益和社会效益是景区长期健康发展的关键。门票经济越来越成为我国旅游市场发展中的一个严重问题和发展瓶颈，客源向国外或其他地方流失，最终得不偿失。对景区门票和发展导向问题的拷问就周而复始地重复，究其深层次的原因，不在于价格的高低，不在于资本的流向，不在于管理体制的顺畅与否，而在于我们的景区业迅速发展的过程中，忽视了大众旅游时代更高的品质分享、更多的国民参与这样一个基本需求，我们发展景区应该是围绕满足老百姓的旅游权利而展开的，而不是为了满足政府的 GDP 偏好，更不是为了满足政绩需要和少数人的权利。

8.1.2 "玩得好"是我国景区业发展的必然方向

在旅游市场发展的初级阶段，很多人是初次出游，旅游者更愿意感受异地美丽风景，追求"我来了，我看了，我标记了"。而在目前的国民旅游市场构成中，初次出游者仅占两成左右，也就是说，约 50 亿人次的基础旅游市场是由相对成熟的旅游者构成的。如此量级的成熟旅游者必然引起景区的消费决策、购买行为、组织方式和购后评价等方面质的变化，并对景区的旅游宣传推广和发展模式带来根本性的冲击。

当旅游逐渐成为生活方式，旅游经验越来越成熟的国民在欣赏异地美丽风景的同时，更愿意去体验和分享目的地的美好生活。特别是年轻人主导的散客化、去中心化、"小确幸"生活方式的变化，游客的出游动机、组织方式、消费内容与消费模式发生了根本性变化。人们在旅程中不仅要看不一样的美丽风景，还要分享高品质的生活方式。"景观之上是生活""最美的风景是人""品质、便利、善意，主客共享的生活空间""美好生活是优质旅游新动力"等观点已经形成了广泛的共识。过去只要有长城、故宫、兵马俑这样的世界自然和文化遗产，不用宣传，游客就会来了；只要有权威机构发个牌子或者有领导人肯定，市场就认同了，游客就觉得值了。现在呢？一方面是"世界那么大，我要去看看"；另一方面是"我的行程我做主"。这意味着旅游经济运行的主导权已经从资源方转向了需求方，或者说游客主权的时代来临了。

据中国旅游研究院调查，2010 年，我国城镇居民出游以观光游览为目的者占 32.9%，以休闲度假为目的的占 25.0%。2019 年，这两组数据分别为 35.42%、48.04%。这进一步证实了无论是消费能力高的城市居民，还是消费相对较弱的农村居民，都更加强调景区旅游所提供的休闲和度假感受。

8.2 景区游客至上的初心与使命

8.2.1 价格、品质、权利是游客关注的重点

2018 年"两会"以后,在中央的政策引导和旅游行政主管部门的指导下,各大国有重点旅游景区开始下调门票价格,不少地方民营企业租赁国有资源开发的景区也在逐步执行相应的价格政策。对此,大多数旅游景区是在理解的基础上执行的,将之视为倒逼旅游市场主体转型升级的政策机遇,并着力围绕降低运营成本、扩大二次消费、提升重游率、开发衍生产品和服务等方面创新发展。与此同时,我们也收到反馈,有部分的旅游景区尽管执行了价格政策,但是没有真正地去理解与认同,还有个别景区向产业链下游,甚至客户端转嫁成本压力,导致服务品质短期内下降明显。如那些离核心景区远得让游客怀疑人生、而又不得不坐的"换乘车"。世界旅游组织对国际旅游者消费结构做过分析,门票支出占个人旅游消费总支出约在 7% 的水平,这一数据在我国却高达 20% 的消费占比。我们知道,从资源形成及其产权的全民所有的角度看,依托自然和历史馈赠的旅游景区既有市场属性,也有公共属性,尤其是涉及历史、文化和演出的空间以及意识形态属性。最近部分 5A 级景区被摘牌、警告,还有游客状告迪士尼侵权,都凸显了当前广大城乡居民的旅游权利还有待进一步充分实现,游客的满意度还存在很大的提升空间。

8.2.2 创新、创意和创造是游客的期盼

景区运营和发展离不开包括推广、销售、公共关系、社会责任等方面在内的市场营销活动。在相当长的历史时期内,旅游景区特别是依托垄断资源的头部景区是"皇帝的女儿不愁嫁",不需要做什么营销,旅行商就找上门了。伴随着大众旅游的兴起,景区供给的类型和数量也进入了持续高速增长的新通道。扑面而来的竞争和引流的巨大市场压力让越来越多的景区与在线旅游(OTA)走到了一起,这些战略举措确实为景区注入了更多的市场意识和营销动能。但是从总体上看,包括 OTA 在内的旅行商并没有为整个行业带来新的需求增长,像"一元门票"之类的大战,只是让既有的需求在一定阶

段向特定景区集聚。用稍微学术化的语言来说，就是为旅游景区做了增量的优化，让需求沿着需求曲线移动，并没有推动整个需求曲线向上移动。

每到节假日，热点景区总是很容易上热搜，网上更是各种花式吐槽。中国旅游研究院连续 40 个季度监测显示，空间拥堵、体验感下降、人性化服务不足、纪念品和旅游购物同质化、娱乐项目不够丰富等，都是游客对景区负面评价的关键词。这些批评反映广大游客参与感、获得感和体验感不足的同时，也寄托了国民大众对景区创新、创意和创造的期盼。

8.2.3 游客的满意是旅游景区发展的未来

景区的投资、管理和创新当然需要接受包括 A 级景区、国家和省级旅游度假区在内的政府监管和专家评价，但更重要的是接受市场检验和游客评价。2010 年以来，国内游客对景区满意度的评价一直高于交通、餐饮、住宿、购物、娱乐、旅行社和公共服务，而且处于持续上升的态势。据中国旅游研究院调查，2019 年，景区游客满意度为 83.7 分，比 10 年前提高了 10 个分值。这是千千万万的游客自发评价出来的，是景区实打实地在环境、产品与服务品质提升上下的苦功夫换来的，而不是某个机构和少数专家评出来的。其中，结构性数据还进一步显示，入境游客的景区满意度比国内游客还要高，2017 年给出了 87.72 的历史最高分。我国出境游客的景区满意度与国内游客的差距也在不断缩小。应当说，没有游客的满意，就没有旅游景区乃至旅游业发展的未来。随时倾听游客的声音，化游客的投诉为提升品质服务的动力，让老百姓有得游、游得起、游得舒心应该是景区发展的价值取向和政策选择。

8.3 景区发展的路径

文旅融合时代，景区需要承载更多的社会责任，文化和旅游管理部门构建导入非遗、博物馆、图书馆、文艺演出、文创产品的机制，让景区、度假区、特色小镇承担起中华优秀文化传承、创新、发展与传播的使命，从而极大地丰富了景区、度假区、特色小镇业态，提升游客体验，形成新的经济增长点。如黄山黟县、湖州莫干山在弘扬优秀传统文化，创造美丽的风景、营造美好生活上形成了示范案例。而以旅游业为支柱产业发展的城乡，迅速将景区的规划、建设、管理经验推广到城乡建设中，在文化特色、生态环境、持续发展等方面形成的独特优势已经在很多地方凸现出来。如浙江天台山景区、缙云仙都景区，把景区规划、建设、管理的成功经验迅速推广到城乡建设中。南京的牛首山、长沙橘子洲头等则通过移动互联网构建远、中、近的智慧交通体系，运用大数据优化游客组织方式，把旅游交通瓶颈转化为游客增量的红利推进全域旅游，让游客安全、便捷、舒适地游览四季风景。

旅游景区开发的路径：创造新空间，营造新生活。主要分为以下三个层面：基于传统文化构建的新空间。使用传统建筑元素和生活美学理念建设新空间，营造新生活；基于自然景观形成的新空间和新生活；基于客群未来的生活方式创造新空间，营造新生活。

自然空间的发展路径：对乡村、山岳、湖泊、海岛等资源进行旅游开发。对自然法则的认识以及人的户外行为研究是基础，品味和趣味要通过基础设施、公共服务、环境景观、旅游产品的建设体现在每个细节。最大限度地减少对自然的干扰，让游客亲近自然是旅游场景建设和旅游活动设计的原则。

传统文化空间发展路径：基于传统文化元素对乡村、小镇、山岳、湖泊、海岛等资源进行旅游开发。遵循人与自然协作发展的规律，从认识、解读、呈现、转化四方面进行文化研究，构建旅游主题，进行旅游场景改造和游客活动组织设计，要把握好文化呈现的三个要素：符号、空间、行为，实现旅游景区传承传统文化，形成文化自信的教化价值。

基于客群未来的生活方式的发展路径：进行新文化生态构建，通过精致生活引领大众消费。满足大众美好生活的需要，创造一个好玩、好看的新空间，一个主客共享的生活空间，也是旅游发展的路径。

景区的发展不仅要有创新的理念，更要有落地的能力。景区运营管理则是其中的重要一环。在当前旅游消费升级、供给侧改革加速的大背景下，旅游景区的发展已经从规模时代进入产品时代。无论是资本市场，还是国家监管部门，都对景区的运营和发展提出了更高的要求。在量质并存的时代，为提高吸客能力和创收能力，高等级旅游景区需要提升服务水平和接待能力、优化收入来源，低等级旅游景区迫切需要通过提升品质完成升级，非 A 级旅游景区也存在整合资源、申请评级的需求。但旅游景区又面临专业人才稀缺、运营和管理经验不足的难题，这为景区运营管理服务企业提供了良好的市场空间。

第 9 章

景区发展存在的问题与误读

过去 40 多年，景区业为入境旅游和大众旅游的发展做出了不可替代的阶段性贡献，但国家和区域旅游也存在过于依赖景区特别是自然、历史类高等级景区的现象。当前和今后一段时期，我国景区业发展环境和问题矛盾将处于前所未有的复杂时期，发展理念和发展道路必须进行战略性调整。

9.1　景区发展存在的问题

9.1.1　散客需求多元化，景区供给侧改革滞后

统计数据表明，绝大多数的游客采用自助旅行和自主消费，他们在都市和乡村更愿意进入那些主要面向本地居民的休闲场所和公共生活空间。在这些共享的空间中，游客得以最大限度地体验目的地总体环境和生活方式。进景区的游客数量还在增长，但是增幅已经在明显下降。无论历史同比，还是景区占目的地接待人数的份额都是如此。而且进景区的游客，他们所关注的消费和评价的重点已经发生了重大变化。自由行已成为游客到达景区的主要方式，自驾游的比重更是日益上升。游客通过旅行社进入景区的比例不到30%。从城镇居民出游构成看，度假、休闲和娱乐上升为当前的 38.1%。有人说发展全域旅游，就不需要景区了，这话不对。不是不需要景区，而是不再需要原来那样的景区了。认识不到这一点，传统景区很可能会成为旅游博物馆的标本。

9.1.2　主题公园、特色小镇等景区建设投资持续惯性大，数量多、质量不强，缺乏个性化

根据 2018 年全国旅游工作报告，截至 2017 年底，1 万多家 A 级景区中，

主题游乐类的景区 339 家（占 3.92%）。市场上普遍的看法认为主题公园中70% 亏损，20% 盈亏持平，10% 有一定品牌和知名度以及良好业绩。主要原因在于盲目建设、模仿抄袭、低水平重复等问题，有些地区甚至出现了地方债务风险和房地产化倾向。尤其部分由地产集团转型的文旅集团在主题公园建设中过于强调速度，而忽略了做文化产品的智慧和耐心。在商业模式上，早期的成功使有些开发商和运营商迷失了方向，过度沉迷于用主题公园提升地产品质，地产变资产，用地产所得去补文化收入。饮鸩止渴的短视行为，不利于主题公园的健康长远发展，必须加以严厉制止和科学引导。如果不解决这些问题，则会影响主题公园的健康发展。影响优质文旅产品与当地资源的有效结合。

自 2016 年三部委联合发布《住房城乡建设部、国家发展改革委、财政部关于开展特色小镇培育工作的通知》以来，特色小镇备受投资方青睐，成为景区建设的热点，据不完全统计，2017 年特色小镇项目总量已超过 2000 家，和主题公园的建设一样，除了很多有特色、极具文化内涵、发展势头良好的小镇，也出现了盲目模仿、低水平建设，更有部分小镇仍然摆脱不了地产经营的思维，缺乏相应的产业支撑。

9.1.3　景区产品内容创新少，缺乏有竞争力的原创 IP

目前，文化创意和科技应用与景区景点的融合创新还处于市场导入期，还有一个艰辛摸索和经验积淀的过程。获得社会声誉和市场收益的景区大型实景演出，基本上还是"吃传统文化的饭"，靠类似大型团体操表演、大合唱这样的场面支撑。智慧景区也主要停留在刷手机入园、安装摄像头远程观察景区接待实况等入门级的水平。很少见到能够有效提升游客体验度和服务品质感的原创 IP（知识产权），更不用说能够给未来留下遗产的文化创意了。如果理念和本质没有革命性的改变，只是加几个文化和科技概念，改变不了景区传统、守旧的底子。

9.1.4　传统景区发展模式亟待转型

据中国旅游研究院调查数据显示，近年来，传统景区的价格、利润、从业人员、投资等景气指数较低，说明景区接待规模有所增长，但受价格限制、经营水平等影响，绩效方面的指标却相对较低。此外，景区企业家对景区产业发展前景总体看好，信心较高且较稳定，但企业层面经营的信心值呈现有所下降的趋势，说明在政策调整、业态调整，特别是需求变化的背景下，景区企业的经营方式也必须调整。

传统景区经营效益波动下降的原因，除了《中华人民共和国旅游法》要求的最大承载量的限制和景区的主动调控外，是人们不再对专门为游客准备的场所感兴趣了，而是更愿意去外滩、锣鼓巷、西湖这样的开放式景区，甚至是谈不上什么景区，就是当地人的生活场所去体验异地的生活方式。从传统景区自身看，"二老"（即"老天爷"留下的自然景观和"老祖宗"留下的人文景观）景区一成不变，市场已经产生审美疲劳。在门票价格过高、商业化过度等争议影响，特别是城镇乡村和新型景区已经具备与自然景区相提并论的吸引力、游客选择多样化的趋势下，旅游的人次虽然越来越多，但进传统景区的人数增长率却是在下降的，超过最大承载量的景区越来越少，进开放式景区的人越来越多。

我们也看到，在旅游景区创业创新方兴未艾的同时，相当多的垄断性资源和资产存量还控制在政府背景的企业手中。旅游景区上市公司大量的投资仍然由政府主导，且流向折旧期较长的资源性景区等。一些高品质的 A 级景区，由于存在唯我独尊的心态，不能融入一些新出现的技术和理念，从而阻碍了景区进一步开放式的发展。

9.1.5 A 级景区管理方式也需要"向外看"

1999 年，我国开始实行旅游景区质量等级管理。在国民旅游起步阶段，我国旅游景区发展和质量治理取得重大成就。然而，过去的旅游活动是在一个相对封闭的世界进行，与日常生活是隔离的，两不相干。现在的旅游则是一个融入了老百姓常态化生活的开放体系。随着 A 级景区影响力的减弱，旅游主管部门在增加 A 级景区规模、提升 A 级景区质量和强化退出机制等基础上，必须将主题公园、创意景区以及其他开放式景区等"半壁江山"纳入旅游管理范畴。

随着社会资本在旅游景区开发建设取得主导地位，过去政府主导的思维也应相应转变。在景区发展理念上，门票经济越来越多地受到社会的广泛质疑，纯粹依靠圈山圈水的时代已经过去。比较欧美发达国家的旅游景区产业，我们也看到，传统景区的封闭型、孤岛型现象较少存在，景区的开放式经营管理则具有普遍性；"景区时代"已经跨越，景区在目的地旅游竞争力的权重降低；出境游客的门票花费占比仅为国内的 1/4，而景区门票价格满意度更高，等等。这些都需要我们加以借鉴。

受投资主体多元化、国际化以及科技和文化创意的全面驱动，我国景区建设正在迎来一个全新的发展机遇期。据全球咨询集团 AECOM 的数据，2020 年中国将有 64 个主题公园建成运营，远远超过美国、日本在建和拟建的数量。这意味着，中国将成为各大主题公园品牌的主战场，将面临来自全球的成型和创设品牌的剧烈挑战。另外，在"走出去""一带一路"等倡议带动下，一些全球知名旅游资源，如欧洲的城堡、文化馆，希腊、冰岛、韩国济州岛、日本北海道的旅游资源转让和项目开发，受到我国投资者关注。在我国景区产业发展格局已经改变的背景下，景区产业的基本问题和目标是什么？如何调控治理景区产业？战略思路是什么？中国应该建造哪些景区和哪些业态？如何开展国际合作？主要政策、重点工作是什么？这些问题必须得到系统回答。大量的投资主体和景区管理集团、品牌企业迫切希望得到行业引领，进行理性投资和开展业务。然而相对于对微观管理的关注，产业层面战略有待加强。

当然考虑到国土面积广阔、地区发展不平衡的国情，我们也不能回避一些欠发达地区在自然和文化名录申报以及申报成功后的运营过程中还有相当程度上的经济诉求，就像丽江、凤凰等地向游客收取古城保护费那样的问题。对此，我们不能简单地照搬发达国家和发达地区的模式，而是要综合考虑中央和地方、游客与市民、政府与商家、当代与未来之间的多重利益博弈，慎重稳妥地寻找相关利益主体的最大公约数。

9.2　景区发展中需要厘清的几个问题

9.2.1　割裂主客

"景观之上是生活"，旅游已经是老百姓常态化的生活方式，既然是生活方式，就要强调日常生活的相似性和品质化。游客来了不仅要看美丽风景，还要吃喝玩乐；当地居民吃喝玩乐之余也要欣赏美丽风景。游客和市民的指向是相同的。有的景区仍然摆脱不了"景区就是外地人来的"概念，认为景区就是要卖门票，要抢游客，一门心思花在如何新奇特，如何吸引外地人的眼球，忽略了当地人的需求、当地人的生活与休闲，后果是景区的淡旺季明显，产业链不长，二次消费严重不足，门票经济依然严重。

9.2.2　误读景区与全域

2016 年全国旅游工作会议提出发展"全域旅游"，形成了旅游系统的共识。2017 年"全域旅游"首次被写入政府工作报告，成为坊间热点词汇。目前，全国共有两批次共 500 家全域旅游示范区创建单位。两年来，在全域旅游发展的大背景下，景区被一再误读。一种简单的解读是，单一的纯粹的景区不再被需要了，需要的是综合体的建设；另一种复杂的误读是，景区需要串联起来、统一起来，要在景区间建串联旅游道、要统一标识体系。全域旅游不是不要景区了，而是需要着眼于品质更高的、主客共享的生活空间打造。

9.2.3　热情有余，后劲不足

景区的宣传中，仍然屡见不鲜的是"大空间""大项目""最新""最奇""全国唯一""全世界一流"等运动式的、堆砌式的造景行动，这种方式在某些特定地区的特定时期内可能可以吸引眼球和造势，但长期看来，缺少可持续发展的内生动力，造成景区的同质化现象。景区企业需要深挖当地的自然基因、人文基因以及由此形成的生活特质，同时面向游客和本地人，用老百姓听得懂的话，讲述好自己的故事。

| 第 10 章 |

景区发展趋势与建议

应当说，我国景区业发展到今天，在产业实践日新月异的同时，各种怪象也眼花缭乱。节假日景区爆满，怨言刷屏，年年如此，年年照旧。几万家景区，卖的是一样的纪念品。传统景区转型，喊了十几年，也原地打转了十几年。主题公园经过几代，就复制了几代。门票经济人人喊打，部分地方政府依然故我。必须说，虽然我们是景区大国，但离景区强国还有距离。实践如此，而景区理论界的研究也相对较多地停留在表层的关注上，除了少数人的鼓与呼外，学界和产业界缺少相辅相成、相得益彰的进步。究其原因，我们缺的并不是勇于创新的头脑，也不是敢为天下先的理念，更不是肯吃苦耐劳的心志，而是在于缺乏理论的学习和沉淀，缺乏"文之大者为国为民"的精神塑造，缺乏文旅融合发展所必需的耐心和沉静。没有长远的理论指导，就只能限于短视的泥沼。解放和发展生产力，从来都是从解放和发展人的思想开始的。党的十八大以来，习近平总书记的一系列有关文化和旅游的论述给旅游业、给广大景区业提供了取之不竭的理论源泉，思想深邃，意义深远。

10.1 景区发展趋势

10.1.1 在可以预见的未来，观光旅游依然并仍将是我们的基础市场，度假游呈现出与观光游融合发展的趋势

目前，有一个论调：旅游已经从观光往休闲转了。那么转到哪儿去了？在可以预见的未来，观光旅游依然并仍将是我们的基础市场，否则我们的宏观决策就会出问题，企业引导也会出问题。有一部分人出去旅游，坐飞机头等舱，吃米其林餐厅，住五星级酒店，追求人少的体验感和舒适感。可大部

分人，如一些上了岁数的老年人，去一些景区景点，依然喜欢人多热闹的地方，喜欢价格低廉的商品。如在成都宽窄巷子、青羊宫，转半天，买几双10块钱的鞋子。这就是中国的基础消费，我们60亿人次的消费就是靠这些堆起来的，这是我们产业的基础，也应该是我们创新的空间。从另一个角度看，即使是休闲旅游，也是要有个好的去处，要找个美丽的风景看看，休闲游也是以观光游为基础的。因此，观光游是基础并不妨碍休闲度假游的量质齐升，发展休闲度假不是简单地从观光旅游向休闲度假游过渡，休闲度假游和观光旅游也并非非此即彼、互相割裂。未来休闲度假游和观光游将进一步融合与转化，相互叠加成为复合型旅游产品。观光游为主的景区，可以通过丰富产业、产品业态，增加休闲功能，提升服务质量，成为休闲度假目的地，分享休闲度假旅游的发展红利。

10.1.2　未来景区的蓝海是面向游客，面向日常生活，实现主客共享

大众旅游时代到来以后，特别是文旅融合时代以后，横亘在本地城乡居民休闲和外来游客体验之间的这堵墙倒塌了，只有抓住游客的需求，立足于日常的生活，打通主客共享的桥梁，才能立于不败之地。过去是资源驱动，现在是需求驱动。从前是我有什么东西，我给你什么东西；现在是我要摸准你的需求，我来给你这个东西，让你觉得：这就是我想要的东西。这就是从供给侧满足游客的需求，你想要什么，我给你什么。

我们的旅游越来越回归到日常生活，因为广大老百姓的旅游消费基础仍然处于初级阶段。根据文化和旅游部数据，2019年国庆七天全国共接待国内游客7.82亿人次，实现国内旅游收入6497.1亿元，总量看着很大，但一算人均才800多元。

同样的，对一个城市来说，看旅游的总消费和总人次都足够高，但平均到每个游客消费就低了。但如果能够把我们的视野放大到日常生活，放大到主客共享的空间来看，当地人一年365天的惯常生活和消费，这个巨大的空间是我们必须充分重视的。只有回到生活的本身来，才能找到我们的重点。中国旅游研究院调查的数据显示，出游半径50千米以内的游客越来越多。从这个意义上来说，景区的竞争，不再是景区之间的竞争，而是扩大到景区和

主客共享的生活空间的竞争，是休闲方式的竞争。

10.1.3　未来景区旅游产品开发的指导思想：小即是美

只要离开了惯常环境，在异地他乡的所有行为都是旅游产业甚至景区业都能包容进来的，可以是购买化妆品，可以是使用银联消费，也可以是使用哈罗单车。很简单，人在家的惯常环境生活中需要消费的，在外面也一样要进行消费。只有回到生活的本身来，才能找到我们景区业关注的重点。

未来一段时期，迪士尼、环球影城这些大型的主题公园还有机会和空间，但客观来讲，对一些中小企业的机会是越来越少了。即便如万达这样的巨无霸企业，依然要靠房地产来带动整体利润未来的增长空间，在一些小而美的与生活场景密切结合的景区、景点或者旅游产品上，融入商业街区、社区的室内游乐园、社区图书馆等。过去我们总希望搞一个宏大的工程给领导看，现在越来越往日常生活中走，越往基层走，需求量才会越大。小即是美，将会变成我们旅游产品开发的指导思想，这也是回归日常生活的体现。

10.2　景区发展建议

10.2.1　坚持文化和旅游融合贯穿始终，文化自信是根本

文化是旅游的灵魂，旅游是文化的载体。这是文化和旅游融合里最老生常谈的一句话，但是在基层，在景区这样的实践层面上，到底为什么要文化，为什么要旅游，为什么要文化和旅游，是首先要搞清楚的问题。如果搞不清楚这个问题，那就只能是理论实践两张皮。要么实践缺乏理论的指导，只能盲目摸索走弯路，要么理论流于形式、流于口号，发挥不出理论应有的指导意义。

我们是旅游大国，但还不是旅游强国，很重要的一点是，我们的旅游业没有体现出我们的文化自信。旅游从广义上来说，所有离开自己的家园而去其他地方的旅行都包含了文化的因素在内，都有着差异的文化体验。如何把这种文化的体验，这种当地人的生活，用我们自己的方式传播出去，就是文

化和旅游的融合。这种融合体现着我们的自信，体现着我们对自己生活的自信，体现着对我们文化的自信。

党的十八大以来，习近平总书记在多个场合提到文化自信。"中国有坚定的道路自信、理论自信、制度自信，其本质是建立在 5000 多年文明传承基础上的文化自信。"在庆祝中国共产党成立 95 周年大会的讲话上，习近平总书记对文化自信特别加以阐释，指出"文化自信，是更基础、更广泛、更深厚的自信"。其语境更为庄严，观点更为鲜明，态度更为坚决，传递出这既是文化理念又是指导思想。

为什么要文化？因为文化自信就是对我们的生活自信，对我们所走道路的自信，文化自信是更基础、更广泛、更深厚的自信。据文化和旅游部调查数据，2019 年全年我国国内旅游人数 60.06 亿人次，中国公民出境旅游人数 1.55 亿人次，入境旅游人数 1.45 亿人次。如果出境的 1.55 亿人次的中国游客有着满满的文化自信，如果我们的旅游业能把真正的中国文化和文化自信让入境的 1.45 亿人次游客感受到，我们的文化软实力就自然而然地得到了提升。

那么到底什么是文化？钱穆先生说："人类各方面各种样的生活总括汇合起来，就叫它做文化。"此所谓各方面各种样的生活，并不专指一时性的平铺面而言，必将长时间的绵延性加进去。一个人的生活，加进长时间的绵延，那就是生命。一个国家、一个民族各方面各种样的生活，加进绵延不断的时间演进、历史演进，便成为所谓的文化。因此，文化也就是国家、民族的生命。如果一个国家、一个民族没有了文化，那就等于没有了生命。而被称为最后一位儒家的梁漱溟先生更是自问自答了文化的内涵："你且看文化是什么东西呢？不过是那一民族生活的样法罢了。生活又是什么呢？生活是没尽的意欲和那不断的满足与不满足罢了。"

简单地说，文化自信就是对我们的生活自信，就是对我们长久以来在这片土地上的生活自信。文化之于旅游的意义，如同文化之于民族、于国家的意义。我们的旅游，我们的景区开发与建设，如果迷失了自己的文化，迷失了对当地人生活的关注，而一味热衷于引进模仿外地的东西，做一些水土不服的复制品，势必从一开始就注定了失败的结局。这样的旅游，这样的景区发展必然是不可持续的。景区的未来发展要时时以人民为中心，处处展示对本地生活的自信、对本地文化的自信、对本地未来的自信。要把这种自信体现在景区的建设和发展以及景区旅游产品的设计上。大到景区的总体布局，小到每一块砖头、每一个垃圾桶，都应该凝练着对自己文化的认同和文化的自信。

10.2.2　坚持理论联系实际，两山理论为旗帜

习近平总书记指出，"我们既要绿水青山，也要金山银山。宁要绿水青山，不要金山银山，而且绿水青山就是金山银山"。2017 年 10 月，"必须树立和践行绿水青山就是金山银山的理念"被写进党的十九大报告；"增强绿水青山就是金山银山的意识"被写进新修订的《中国共产党章程》之中。

两山理论不仅仅是关于发展的科学论断，更是一场深刻的发展观革命、一场深远的思想认识革命。两山理论是关于发展的世界观，大道至简却意味深长，也是内涵丰富的方法论。只有理解了这一点，景区尤其是后发的山岳类景区才能去掉不敢转化的畏难意识，放弃不用转化的盲目认知，在充分认识到绿水青山就是本钱的同时，不能因为其弥足珍贵就止步于保护，而是应该在盼发展的基础上思发展、想发展、真发展，在真抓实干中把发展和保护二者有机和谐地统一起来。

"既要绿水青山，也要金山银山"。要绿水青山的目的，并不是为了保护绿水青山而保护绿水青山，其根本目的在于保护绿水青山的基础上发展得到的金山银山。保护的目的在于发展，如果止步于保护，没有后续的发展，这样的保护是不全面的，这样的保护也不具有可持续性。生存是人的基本需求，离开基本生存需求来谈发展，是没有扎实根基的空谈，是抛弃了科学物质观的精神胜利法。另外，绿水青山和金山银山的哲学思辨意义还在于，绿水青山是金山银山基础的同时，又是人民基本生存需要得到满足后的高阶需求，缺了绿水青山的金山银山，是不完美的，是有缺陷的，如同精神文明和物质文明两手都要抓、两手都要硬一样。我们既要绿水青山，也要金山银山，这句话包含了人民对美好生活的向往，也指明了景区未来努力的方向。

"宁要绿水青山，不要金山银山"。这是一个时间和选择的问题，是发展过程中的取向问题。"无欲速，无见小利，欲速则不达，见小利则大事不

成"。目前，景区的存在的一些问题，很多都是由于只以眼前利益为重，不看长远，什么火搞什么，什么来钱快上什么，忽略了为子孙后代的长远计。从可持续发展的意义上讲，没有了绿水青山，金山银山只能是昙花一现，不会长久。失去了绿水青山的金山银山，总有一天会被掏空甚至坍塌。这样的金山银山既不是人民群众真正向往的，也不是人民群众可以长久赖以生存的金山银山。过去那种先发展后治理的路子在景区业、旅游业乃至整个社会发展中都行不通。这就要求在景区开发的过程中，必须抛弃短、平、快的想法，抛弃短期功利主义的思路，以人民群众为出发点，从千秋万代的时间维度去思考，做一个可持续发展的景区。

"绿水青山就是金山银山"。绿水青山和金山银山并不是独立不相干的两个概念，保护好绿水青山，不是放弃金山银山。相反，环境友好的绿水青山经过主观的努力必然会变成金山银山，这是已经被我们一些景区发展所验证的事实，尤其一些经济发展落后地区，生态环境优越的绿水青山，通过景区开发，为当地人的脱贫做出了不可替代的贡献。生态环境越好，发展机遇越多、潜力越大，良好的生态环境对人的吸引力、对产业的支撑能力越来越强，好的生态环境本身越来越成为重要的"天然资本"，绿水青山会源源不断带来金山银山。实践证明，绿水青山是实现金山银山的最大靠山。

10.2.3 坚持景区旅游品质化，全域旅游是关键

2016 年 7 月，习近平总书记在宁夏视察时指出，发展全域旅游，路子是对的，要坚持走下去。这段话科学地指出了全域旅游的实质。总书记的话明确指出全域旅游是路子，是将全域旅游置于我国社会经济发展中来认识的。

全域旅游提供了新时代社会经济创新发展的新动能。改革开放以来，我国经济增长长期以出口驱动和投资驱动为主，而国内消费对经济增长贡献相对较少。近几年，随着国际市场需求乏力以及世界经济形势的变化，以出口和投资驱动经济增长难以持续，经济增长动力逐步向消费驱动型的模式转变。党的十八大以来，我国经济增长驱动力着力于"新旧动能"转换。从 2013 年开始，我国消费在经济增长贡献中的作用逐渐增强。消费对中国经济增长的贡献率从 2013 年的 50% 提升至 2018 年的 76.2%。由此可见，我国经济持

续增长对构建消费增长型发展模式发挥了重要的作用。而全域旅游的提出便为旅游这种消费增长提供良好的消费环境。通过发展全域旅游，使旅游消费成为未来我国经济增长的新模式与新动力。

全域旅游提供了解决我国地区二元结构和城乡二元结构的新视角。改革开放以来，我国社会经济快速发展，成为世界第二大经济体，工业化发展之路在推动我国社会经济快速发展中起着重要作用。与此同时，工业化之路的负面影响也不容忽视，工业化发展方式扩大了城乡经济和地区经济这两个二元结构的差距。这种二元结构，不仅是经济发展的问题，也是突出的社会发展的问题。而通过什么发展路径来解决这两个二元结构，已经成为迫在眉睫的问题。党的十八大以来，我国旅游经济快速增长，产业格局日趋完善，市场规模品质同步提升，扶贫富民成效显著，国民旅游休闲生活更加精彩，旅游业已成为国民经济的战略性支柱产业和与人民群众息息相关的幸福产业。2019 年人均出游 4.3 次，旅游已经成为国民的日常生活选项。随着我国旅游消费规模化发展，全域旅游的提出为解决地区二元结构和城乡二元结构提供了一种新的发展方式。全域旅游在一定区域内，以旅游消费为平台，对区域内经济社会资源、相关产业、生态环境、公共服务、体制和政策等要素整合、优化和提升，实现区域内旅游与社会经济的融合发展，创建社会共建共享的旅游环境，带动和促进经济社会协调发展。

全域旅游不是不要景区了，更不是盲目地进行城镇/乡村的拆拆补补、进行新景观建设、大规模新修工程、制造景观。而是需要在本地资源基础上进行深度挖掘和优化，是要求在景区的打造上，改变以景区为主要架构的旅游空间经济系统，构建起以景区、度假区、休闲区、旅游购物区、旅游露营地、旅游风景道等不同旅游功能区为架构的旅游目的地空间系统，推动旅游空间从景区为重心扩大到旅游目的地的建设。

在提升景区旅游品质上，全域旅游不仅仅是景区旅游要素化，更重要的是景区旅游便利化。要着重于把景区旅游服务各种要素围绕着景区旅游需求类型进行有机组合。通过制度设计，打破行业部门管理与地方政府管理的制度分割，把部门管理的核心职能设计与地方政府管理注重于定居者的特点结合起来，从景区旅游便利化的角度，打造主客共享的新式景区。

10.3 "十四五" 期间我国建设世界级旅游景区的举措

10.3.1 分类管理，优化供给，让老百姓玩得起

景观之上是生活，越来越多的游客不再对专门为游客准备的场所感兴趣了，而倾向于进入那些主要面向本地居民的休闲场所和公共生活空间。在这些共享的空间中，游客得以最大限度地体验目的地的总体环境和生活方式，体验当地生生不息的本土文化。以前只对本地居民开放的场所，现在应当也对游客开放。主客共享的大趋势下，要把旅游景区特别是城市公园、郊野公园、公共休闲空间、历史文化街区当作公共文化建设的一个重要部分，在公共文化建设中给予旅游景区应有的位置。

我们还处在大众旅游由初级阶段向中高阶演化的进程中，对广大农村居民和城镇低收入群体来说，每年能有一次真正意义上的观光旅游仍然是他们可望而不可及的梦。全国从总量上来看，数量庞大的市场规模和增长速度主要是归因于人口红利，特别是居民旅游频次的提升。从消费水平和微观层面的市场特征以及出游半径和人均停留时间等指标上看，旅游市场都还有明显的初级阶段特征。因此，每到旅游旺季，旅游景区价格就成为社会关注的焦点。2018 年政府工作报告提出，"降低重点国有景区门票价格"。国有景区具有天然的公益属性，政府给予适当财政投入责无旁贷。当前要做的首要工作是通过分类管理，优化供给，让老百姓玩得起。在景区依然是满足人民对美好旅游生活需要的本底资源的情况下，"看不起的风景"在很大层面上影响了游客的出行热情，谁能够把国民大众旅行的基本面照顾好，谁就会有未来坚持不败的基础。

10.3.2 文化引领，科技支撑，让老百姓玩得好

数据显示，进入传统景区的游客绝对数量仍然是增加的，但增速明显放缓。有些传统景区老百姓不愿意去了，更多的是年轻人不愿意去。老人虽然还去，但玩得不嗨，很多是为了实现到此一游的念想。还有些短时间里通过网络流量吸引了大量游客的网红景区，如通过抖音、快手等短视频火起来的

西安永兴坊景区、重庆洪崖洞景区，还有通过网络热播剧而火起来的故宫延禧宫，大量的游客到此只是"打卡"，为了发朋友圈。这类景区跟老百姓跟广大游客特别是年轻人没有黏性，缺乏可持续发展的内生动力。

网络引发的游客量、流量虽然是短时间内的大众选择，这种选择很多时候并不代表着社会的主流文化。我们讲文化自信，讲文化认同，到底文化是什么？文化不是你红我也想红，不是你去我也要去的简单跟风，更不是短视频上 15 秒的碎片化认同。看不到这一点，社会主义文化繁荣就是一句空话。没有正确的文化引领，关注草根需求就会很容易地走向简单的迎合和轻佻的模仿，甚至走向没有底线的恶俗。如何把流量转变成真正有黏性的市场群体，需要秉承社会主义核心价值观，以高度的文化自信，充实景区产品内容，讲好中国故事。通过文化价值的创新，加以脚踏实地的科技支撑，实现从空间到场景的转化，让老百姓的开心更实在，更有底气，这才是我们要的未来的发展方向。

景区观光之所以一直是大多数游客的首选，很大一部分原因在于大数据、科学技术和文创创意等新动能的注入。文化可以丰富旅游景区内涵，也可以延展旅游景区的边界。文化创意一旦与旅游供给发生融合，就会发生质的化学反应。有了文化，旅游景区才不再只是美丽的自然空间，还是具有高贵灵魂和价值取向的人文场所。没有大数据、人工智能、物联网这些新技术的应用，文化创意也能够为旅游景区赋能。但是效率不会那么高，体验也不会那么好。大数据成功地将文化需求转换为旅游供给，人工智能给游客带来了便捷的服务和全新体验，5G 时代的万物互联开始重构旅游景区的生态系统，旅游景区自我赋能、自我进化的时代正在到来。在文化和旅游真融合、深融合和有效融合的过程中，需要市场主体积极担当和主动作为，运用好大数据，在科学技术的催化与推动下，以人民为出发点，做广大游客所需要的现实的文化和旅游产品，做国家战略所倡导的有价值的文化和旅游产品，做体现共同价值的、面向未来的文化和旅游产品。

10.3.3　竞争导向，提升品质，培育文旅产业新品牌

需要在尊重市场的前提下，有效发挥政策引领的作用，引导旅游景区进行理性投资和开展业务。用好专项资金，对有重大战略意义的旅游景区文化

建设项目进行重点扶持。引导社会资金健康有序流入景区业，避免景区建设过热和重复建设。打通行业壁垒，促进人才流通，重视复合型人才培养体系的建设。完善旅游景区评价体系，加大文旅领域专业研究力度，充分发挥专家智库的作用，对文旅领域里的一些混乱声音、不良现象及时发声，坚定旅游景区行业发展的文化自觉和文化自信。新的时代下，旅游景区产业需要以竞争为导向，注重品质提升，培育我们自己的主题公园、历史文化街区，培育更多的"网红"博物馆，打造我们自己的文旅产业新品牌。

10.3.4 社会参与，合作共赢，共建世界级旅游景区

景区建设管理过程中，应充分参照并借鉴相关经验，把解决人的问题作为保护工作的关键，通过与各利益相关方达成一致意见，正确处理人的发展与生态保护之间的矛盾，落实各类保护措施，实现人与自然和谐相处。景区管理和建设要吸纳社会力量参与，注重发挥周边社区、环保组织、高校及科研院所的力量，鼓励其参与景区的管理和科研工作，甚至在一些项目中起到主导作用。法国赛文山国家公园秃鹫引入计划中，周边养殖户提供的牲畜尸体起到了关键作用。法国滨海湿地的保护虽由滨海管理局主导，但调查、管理等具体工作则委托给当地环保组织，周边社区也积极参与植被群落管理，弥补了政府专业性和人力不足的缺陷，降低了管理成本。在我国，已有各大高校和科研院所、社会组织等社会力量参与到景区的建设和管理，但与国外相比，发挥作用还不够突出，需要尽快建立鼓励社会参与的机制，充分发挥社会力量，弥补景区建设和管理中存在的空白和短板。

国外景区对中国生态文明建设高度赞扬，对中国景区建设有着强烈和浓厚的兴趣，进一步加强与国际机构的交流合作，既能为我国景区管理体制探索和建设贡献更多的力量，也有助于提高我国的自身实力，使我国景区发展水平与国际接轨，早日实现"十四五""建设一批富有文化底蕴的世界级旅游景区和度假区"目标。

参考文献

［1］戴斌. 旅游复苏［M］. 北京：旅游教育出版社，2021.

［2］戴斌. 旅游 & 经济［M］. 北京：旅游教育出版社，2020.

［3］戴斌. 旅游 & 文化［M］. 北京：旅游教育出版社，2019.

［4］戴斌. 旅游 & 中国［M］. 北京：旅游教育出版社，2018.

［5］戴斌. 旅游改变世界［M］. 北京：旅游教育出版社，2016.

［6］戴斌. 创业照耀旅游的星空［M］. 北京：旅游教育出版社，2015.

［7］戴斌，李仲广，肖建勇. 游客满意论：国家战略视角下的理论构建［M］. 上海：商务印书馆，2015.

［8］戴斌. 城市·可以触摸的生活，可以分享的文明［M］. 北京：旅游教育出版社，2014.

［9］邢晓玉. 公共景区门票价格规制研究［D］. 西安：西北大学，2017.

［10］姜晗. 旅游消费升级背景下云南省传统景区转型研究——以石林风景区为例［D］. 昆明：云南财经大学，2020.

［11］吉益乐. 南京夫子庙景区节庆活动研究南京［D］. 南京：南京师范大学，2020.

［12］戴斌. 构建主客共享文旅融合的新空间［J］. 中国国情国力，2021（6）.

［13］戴斌. 高质量发展是旅游业振兴的主基调［J］. 人民论坛，2020（22）.

［14］张辉，岳燕祥. 全域旅游的理性思考［J］. 旅游学刊，2016（9）.

［15］翟大伟. 以景区门票降价为契机促进全域旅游高质量发展［J］. 中国经贸导刊，2021（11）.

［16］丁洁，常直杨．江苏省高等级景区空间结构及分布特征研究［J］.
商业经济研究，2017（6）.

［17］陈严武，韦福安．特色村镇与 A 级景区的空间关系及协同发展——以广西为例［J］.旅游学刊，2020（3）.

［18］金云峰，万亿，周晓霞．从"景区旅游"向"全域旅游"发展的规划探索——以西双版纳 10 年规划实践路径为例［J］.城市规划学刊，2019（S1）.

［19］中国旅游研究院．中国旅游景区发展报告（2020）［R］.2020.

［20］中国旅游研究院．中国旅游景区发展报告（2019）［R］.2019.

［21］中国旅游研究院．中国旅游景区发展报告（2018）［R］.2018.

［22］中国旅游研究院．中国旅游景区发展报告（2017）［R］.2017.

［23］中国旅游研究院．中国旅游景区发展报告（2016）［R］.2016.

［24］中国旅游研究院．中国旅游景区发展报告（2015）［R］.2015.

［25］中国旅游研究院．中国旅游景区发展报告（2014）［R］.2014.

［26］中国旅游研究院．中国旅游景区发展报告（2013）［R］.2013.

［27］中国旅游研究院．2020 年中国旅游经济运行分析与 2021 年发展预测［R］.2021.

［28］中国旅游研究院．2019 年中国旅游经济运行分析与 2020 年发展预测［R］.2020.

［29］中国旅游研究院．2018 年中国旅游经济运行分析与 2019 年发展预测［R］.2019.

［30］中华人民共和国国家旅游局．2016 年中国旅游景区发展报告［R］.2017.

［31］中华人民共和国国家旅游局．2015 年中国旅游景区发展报告［R］.2016.

［32］中华人民共和国国家旅游局．2014 年中国旅游景区发展报告［R］.2016.